De l'estime de soi
à l'estime du Soi

Jean Monbourquette

De l'estime de soi
à l'estime du Soi

De la psychologie à la spiritualité

NOVALIS/BAYARD

De l'estime de soi à l'estime du Soi est publié par Novalis.
Direction littéraire : Josée Latulippe
Éditique : Caroline Gagnon
Couverture : Caroline Gagnon
Photo de la couverture : Eyewire
Photo de l'auteur : Laforest et Sabourin
© Novalis, Université Saint-Paul, Ottawa, Canada, 2002
Dépôts légaux : 3ᵉ trimestre 2002
        Bibliothèque nationale du Canada
        Bibliothèque nationale du Québec

Nous reconnaissons l'aide financière du gouvernement du Canada par l'entremise du Programme d'aide au développement de l'industrie de l'édition (PADIÉ) pour nos activités d'édition.

Novalis, 4475, rue Frontenac, Montréal (Québec) H2H 2S2
C.P. 990, succursale Delorimier, Montréal (Québec) H2H 2T1
ISBN : 2-89507-342-2 (Novalis)
ISBN : 2-227-47191-3 (Bayard Éditions)
Imprimé au Canada

Données de catalogage avant publication (Canada)
Monbourquette, Jean
        De l'estime de soi à l'estime du Soi : de la psychologie à la spiritualité
        Comprend des réf. bibliogr.
        ISBN : 2-89507-342-2 (Novalis)
        ISBN : 2-227-47191-3 (Bayard)
        1. Estime de soi. 2. Estime de soi - Aspect religieux. 3. Réalisation de soi - Aspect religieux. 4. Psychologie religieuse. 5. Ça (Psychologie). 6. Estime de soi - Aspect religieux - Christianisme. I. Titre.
        BF697.5.S46M66 2002   158.1   C2002-941494-6

NOVALIS / BAYARD

Sommaire

Du même auteur

À chacun sa mission – Découvrir son projet de vie, Novalis, 1999

Apprivoiser son ombre – Le côté mal aimé de soi, Novalis, 1997

Grandir – Aimer, perdre et grandir, Novalis, 1994

L'ABC de la communication familiale – Le livre des parents qui n'ont pas le temps de lire, Novalis, 1993

Comment pardonner? – Pardonner pour guérir – Guérir pour pardonner, Novalis, 1992

Groupe d'entraide pour personnes séparées/divorcées – Comment l'organiser et le diriger, Novalis, 1994

Groupe d'entraide pour personnes en deuil – Comment l'organiser et le diriger, Novalis, 1993

Aussi disponibles :

Comment pardonner? Boîtier de deux cassettes audio, Novalis, 1992

Les messages de l'amour – Estime de soi / Cd audio, Novalis, 2002

À paraître en 2003 :

Stratégies pour développer l'estime de soi et l'estime du Soi

Remerciements

Je tiens à exprimer ma sincère gratitude à mon ami et confrère Jacques Croteau qui, malgré son handicap visuel, s'est gracieusement prêté à la correction de cet ouvrage. J'apprécie sa perspicacité et sa clarté d'esprit. Je remercie également Isabelle D'Aspremont Lynden et Chantal Beauvais qui ont relu le manuscrit en me faisant des commentaires très judicieux. Enfin, je suis reconnaissant envers Josée Latulippe, mon éditrice depuis toujours, qui a revu le texte et l'a préparé pour l'édition. Je lui dis merci pour sa patience et sa rigueur.

Introduction

Le soin de l'âme,
qui est encore à la base de notre héritage européen,
n'est-il pas aujourd'hui encore à même de nous interpeller,
nous qui avons besoin d'appui au milieu de la faiblesse générale
et de l'acquiescement du déclin?

Jan Patocka

Importance et actualité de l'estime de soi

On assiste aujourd'hui à un déluge de publications sur l'estime de soi, la panacée moderne à tous les maux de la société. On l'utilise dans des sphères aussi diverses que l'éducation, la croissance personnelle, la psychothérapie, le marketing, les relations de travail, la spiritualité, le sport, la lutte contre la délinquance et la criminalité, etc. Presque tous les programmes de cours et d'ateliers de croissance personnelle font état de l'estime de soi et de la confiance en soi. Mais les définitions qu'on y présente sont si diverses qu'elles semblent parfois s'opposer. La vague de popularité de l'estime de soi charrie en effet un mélange d'études scientifiques et de solutions toutes tirées de la *pop psychology*. Pour se faire une idée de ce foisonnement, il suffit de naviguer un peu sur le réseau Internet. Le moteur de recherche *La toile du Québec* répertorie 105 000 sites qui mentionnent l'« estime de soi ». *Alta Vista* rapporte pour sa part près de 400 000 sites parlant de *self-esteem*.

Un ami sociologue me demandait un jour comment j'expliquais cet engouement pour l'estime de soi. Même si j'ai répondu à sa question, je dois avouer qu'aucune de mes explications ne me satisfait pleinement : retour à l'individualisme, manque de confiance dans les systèmes sociaux actuels, changements sociaux rapides, instabilité des institutions, repli de l'individu sur ses propres ressources et sa force d'affirmation, popularité mondiale du « rêve américain », possibilités de l'entrepreneurship, attrait de l'épanouissement illimité, sentiment de « n'être pas assez », etc. Une chose est sûre, nombre de nos contemporains croient que l'estime de soi apporte bonheur et prospérité à court terme.

Ce courant de pensée sur l'importance de l'estime de soi nous vient des États-Unis et, en particulier, de la Californie, la mecque de l'*human potential movement*. Les Européens mirent du temps à emboîter le pas, se montrant plutôt frileux sur le sujet. Elle est symptomatique, cette parution dans *Le Monde*, il y a quelques années, d'un article où l'on se demandait si on devait féliciter les étudiants pour leurs succès ou s'il était préférable de ne rien dire, de peur de les encourager à l'arrogance. On craignait de voir apparaître le spectre de l'individualisme à outrance, l'égoïsme, le nombrilisme, la compétition effrénée, le repliement sur soi, etc.

Continuité entre la croissance de l'estime de soi et le développement de l'estime du Soi

Entre la croissance psychologique et l'épanouissement spirituel, il s'est creusé un fossé presque infranchissable. Cet écart s'explique en partie par l'histoire de la psychologie dite scientifique, développée dans le sillon des sciences de la nature. Comme celles-ci, la psychologie scientifique recherche la précision des mathématiques. Elle a en conséquence pris ses distances vis-à-vis des spiritualités existantes, se déclarant même opposée aux institutions religieuses qu'elle jugeait trop dogmatiques.

Le présent ouvrage se propose de mettre à jour les articulations entre le développement de l'estime de soi et le développement de l'estime du Soi. Il se présente donc comme un essai de synthèse de psychologie et de spiritualité. C'est une tentative de redonner à la psychologie sa vocation première et intégrale, à savoir l'étude de l'âme humaine, comme l'indique son étymologie : de *psyche*, « âme », et *logos*, « science ».

Ma synthèse ne favorise ni l'évolution du Soi spirituel aux dépens de la croissance psychologique ni le contraire. Je suis en effet convaincu que la maturité spirituelle exige un « je » fort sur le plan psychologique et que la croissance psychologique de l'ego est tronquée si elle ne s'appuie pas sur le soin de l'âme ou sur les ressources spirituelles.

Le soin de l'âme est absent des livres sur l'estime de soi

La plupart des ouvrages sur l'estime de soi négligent le soin de l'âme. Ils ignorent l'apport de l'âme dans la construction du moi, se privant ainsi des ressources spirituelles du Soi. Ils manquent de souffle. Pour combler le vide de la « culture de l'âme », nous nous sommes inspirés de la spiritualité du Soi de Carl Jung. Le psychanalyste zurichois définit le Soi en termes d'*imago Dei*, image du divin en soi. Depuis Descartes, la conception dualiste de l'être humain, substance pensante accolée à un corps, a connu du succès. Le terme *âme* a ainsi perdu sa densité et est devenu impopulaire. C'est pourquoi nous privilégions l'emploi du terme « Soi » sur celui d'« âme ».

Il existe, dans les études psychologiques actuelles, un intérêt renouvelé en faveur du Soi. Pour s'en convaincre, il suffit d'examiner les titres des communications scientifiques présentées dans les congrès de psychologie; les études du Soi y sont de plus en plus nombreuses. Par ailleurs, l'engouement actuel pour la spiritualité n'est pas sans influencer la recherche scientifique.

Des démarches différentes pour l'estime de soi et pour l'estime du Soi

Mon intention ici est de présenter des méthodes et des techniques permettant au lecteur à la fois d'acquérir une solide estime de soi et de découvrir le Soi. On constatera que les démarches sont différentes selon qu'il s'agisse de l'estime de soi ou du Soi. L'estime de soi, faite d'amour de soi et de confiance en soi, exige des efforts soutenus d'intelligence et de volonté. Les méthodes et techniques présentées s'inspirent de diverses écoles de psychothérapie et, notamment, de la Programmation neurolinguistique.

L'estime du Soi a d'autres exigences : elle demande de cultiver la voie du détachement et d'accueillir les messages symboliques venus de l'inconscient. Au lieu de s'efforcer de s'aimer et d'acquérir de la confiance en soi, celui qui cultivera l'estime du Soi devra se laisser aimer d'un amour inconditionnel et guider dans l'accomplissement de sa mission. Il devra exercer une passivité active. L'acquisition de l'estime de soi et de l'estime du Soi pose donc un double défi.

Notons enfin que cet ouvrage est accompagné d'un recueil présentant de nombreuses stratégies visant à acquérir l'estime de soi et à choisir de se mettre sous la mouvance du Soi (voir p. 224).

La spiritualité du soi confrontée à la foi chrétienne

À l'intention des lecteurs croyants, j'ai cru bon d'inclure un dernier chapitre montrant la pertinence d'une spiritualité fondée sur l'estime de soi et du Soi pour soutenir la foi chrétienne. Loin de nuire à la foi, la spiritualité du Soi se veut une structure d'accueil de la foi. Il me paraît en effet incohérent de donner des cours de religion à des étudiants qui ne savent même pas qu'ils ont une âme à soigner! Une foi qui négligerait le soin de l'âme et ne se nourrirait pas d'une spiritualité aurait tendance à la longue à devenir sociologique, voire sectaire.

Première partie :

De l'estime de soi…

Premier chapitre

L'école de l'estime de soi : une brève histoire

Il m'apparaît important d'entrée de jeu de tracer une brève histoire de l'estime de soi et de l'estime du Soi. J'y présenterai des réflexions de psychologues et de philosophes qui se sont penchés sur le sujet, accompagnées de quelques commentaires d'appréciation.

William James (1842-1910)

Le « père » de la psychologie américaine, William James, a donné une définition de l'estime de soi dans *Principles of Psychology*, publié en 1890. Il y écrivait : « L'estime que nous avons de nous-mêmes dépend entièrement de ce que nous prétendons être et faire. » James évaluait l'estime de soi d'une personne à partir de ses réussites concrètes confrontées à ses aspirations. Dans cette perspective, plus la personne entretenait des prétentions élevées sans réussir à les combler, plus elle éprouvait un sentiment d'échec personnel. En bref, pour mesurer le degré d'estime de soi d'un sujet, James confrontait ses succès à ses prétentions. Ce qu'il illustrait par l'équation suivante :

$$\frac{\text{succès remportés}}{\text{prétentions}}$$

Freud (1856-1942)

Sigmund Freud n'a pas traité de l'estime de soi. Par ailleurs, il a parlé d'un moi coincé entre le « surmoi » et le « ça ». Contraint par les injonctions du surmoi inspirées des principes parentaux, le moi subit les assauts des forces instinctuelles. Le moi conscient se trouve ainsi dans une situation précaire. Fragilisé par les pressions du surmoi et du ça, il devient sujet à des accès d'angoisse. Le moi (l'ego) n'aurait d'autre option que de recourir à des mécanismes de défense chargés de le protéger et de le soulager de son angoisse.

Suivant la dynamique freudienne, l'estime de soi n'a guère de chance de se développer, l'ego étant trop occupé à se défendre. Toute croissance et tout épanouissement de l'estime de soi est donc impossible.

Mais ce qu'il y a chez Freud de plus nocif à l'estime de soi, c'est l'absence de toute instance spirituelle qui donnerait au moi stabilité et équilibre. C'est ce que Jung a cru important de faire, assurant l'équilibre du moi avec le Soi, principe organisateur du psychisme. Alors que Freud conçoit un inconscient menaçant et désordonné, à la manière d'un volcan prêt à envahir l'ego conscient de forces libidinales, Jung voit dans le Soi inconscient un pouvoir central et ordonnateur de l'activité psychique. La position de Jung sera développée un peu plus loin.

Ainsi, pour le fondateur de la psychanalyse, toutes les manifestations spirituelles, religieuses ou artistiques ne sont que le produit des symboliques de forces instinctuelles camouflées. Elles seraient seulement l'effet de leur sublimation. Fort répandue, sa doctrine réductrice de la spiritualité appauvrit grandement les possibilités de la psyché humaine et cause, encore aujourd'hui, un tort immense à la conception de l'estime de soi et du Soi.

Alfred Adler (1870-1937)

Au centre de sa théorie de la personnalité, Alfred Adler a placé le complexe d'infériorité. Pour lui, dès l'enfance, l'être humain éprouve un sentiment d'infériorité qui perdure toute la vie durant. Pour en compenser les effets, l'homme cherche, selon Adler, à développer un sentiment démesuré de supériorité. Autant il se sent abaissé par son complexe d'infériorité, autant il rêve de toute-puissance et de domination. Cette théorie s'appuie au départ sur la conception d'une basse estime de soi innée que la personne s'évertue à remplacer par une surestime de soi.

La pensée adlérienne ne fait pas de place pour une juste estime de soi. L'être humain remplacerait son sentiment inné d'infériorité par un sentiment de supériorité, autrement dit par l'orgueil et l'esprit de domination. C'est là une grave erreur! Car celui qui au contraire cultive une haute estime de lui-même, bien loin de vouloir dominer et écraser les autres, reconnaît leur valeur et désire collaborer sans essayer d'entrer en compétition avec eux.

Carl Rogers (1902-1987)

Carl Rogers, apôtre de l'acceptation « inconditionnelle » des clients en psychothérapie, reconnaît cependant chez la plupart d'entre eux la tendance à ne pas s'accepter comme ils sont, voire à se dénigrer. Il écrit à leur sujet : « Dans la grande majorité des cas, ils se méprisent et se considèrent dénués d'importance et indignes d'amour. » Selon Rogers, l'acceptation inconditionnelle du client par le thérapeute lui permettrait d'apprendre à s'accepter tel qu'il est et à s'aimer, même avec ses faiblesses.

Abraham Maslow (1908-1970)

Abraham Maslow est l'un des fondateurs de l'école humaniste surnommée, en psychologie américaine, l'école de « la troisième force », les deux autres étant la psychanalyse et le béhaviorisme. Au lieu d'étudier les personnes sous l'angle des maladies mentales, Maslow soutient — et c'est là son originalité — qu'il importe de s'intéresser avant tout à leur santé mentale et spirituelle. En conséquence, il s'est appliqué à identifier les traits de ceux et celles qui avaient actualisé leur potentiel.

Maslow établit donc une nette distinction entre la psychothérapie et le mouvement du potentiel humain (*human potential*). À son avis, la psychothérapie remédie aux frustrations des besoins de base, c'est-à-dire des besoins physiques, des besoins de sécurité et d'appartenance à une communauté. Le mouvement d'actualisation de soi, pour sa part, vise à combler les besoins supérieurs (*metaneeds*) relatifs à l'épanouissement, à la croissance personnelle, au développement de son potentiel inexploité, à la créativité, bref à toutes les réalités psychospirituelles entrant dans le domaine de l'actualisation de soi. Loin de se contenter de satisfaire le bien-être ou le mieux-être des personnes, la psychologie maslownienne vise leur « plus-être ».

Son apport scientifique le plus marquant fut d'étudier la nature et les conditions des expériences-sommets (*peak experiences*). Maslow réalise son enquête en posant aux sujets étudiés la question suivante : « Quelles furent les expériences les plus merveilleuses que vous ayez connues? » Il nota que les personnes qui avaient fait une ou des expériences-sommets éprouvaient en elles-mêmes un sentiment particulier d'harmonie et de communion avec l'Univers. Il en a déduit que ces expériences étaient justement des manifestations du Soi et non seulement du moi (de l'ego) des personnes. Bref, il a mis en valeur les révélations spirituelles spontanées provenant du Soi.

Virginia Satir (1916-1988)

Virginia Satir, de l'école de communication de Palo Alto, a vu dans l'estime de soi le cœur même de la thérapie familiale. Membre du *California Task Force to Promote Self-Esteem and Personal and Social Responsibility*, elle considérait l'estime de soi chez chaque membre d'une famille donnée comme un excellent critère de santé mentale.

De fait, elle constatait qu'une famille est dysfonctionnelle quand elle ne permet pas à ses membres d'acquérir une bonne estime d'eux-mêmes et de jouir ainsi d'une saine autonomie. Son livre *Pour retrouver l'harmonie familiale* décrit les rapports familiaux sains où l'estime de soi est reconnue. Elle soutenait par exemple que, dans une famille donnée, la liberté laissée à chacun d'exprimer ses émotions était un critère évident d'une bonne estime de soi.

Éric Berne (1910-1970)

Dans son ouvrage *Des jeux et des hommes,* le fondateur de l'Analyse transactionnelle, Éric Berne, a su décrire avec finesse les comportements des éducateurs susceptibles de créer une haute estime de soi. Il souligna l'importance de leurs marques d'affection et d'attention pour développer chez l'enfant une bonne estime de lui-même faite d'amour et de confiance en lui.

Il démontra clairement qu'une personne marquée par une faible estime d'elle-même aurait tendance à manipuler son entourage en exagérant sa faiblesse ou son autorité. En revanche, une personne douée d'une haute estime d'elle-même n'a pas besoin d'user de manipulations sociales. Elle se montre authentique et honnête; elle sait négocier ses besoins d'adulte à adultes.

La psychologie analytique de Carl G. Jung (1875-1961)

La tendance actuelle consiste à associer l'estime de soi à l'une ou l'autre forme de spiritualité. Les efforts pour assurer la continuité entre l'estime de soi et l'estime du Soi s'avèrent très prometteurs. On connaît la place que Carl Jung accorde dans ses œuvres à l'estime du Soi. Il est, de fait, l'un des premiers psychologues à avoir fait ressortir les liens organiques qui existent entre psychologie et spiritualité. Malheureusement, les démarches réalisées à sa suite par divers auteurs restent plutôt insatisfaisantes, voire décevantes, cédant parfois à un conformisme grossier ou reliant la psychologie à des conceptions spirituelles trop éthérées ou ésotériques.

Il importe de trouver une articulation juste et heureuse entre la psychologie de l'estime de soi et l'approche spirituelle du Soi. Ce travail de conciliation est rendu possible grâce à la conception jungienne du Soi. Je l'ai mentionné plus tôt, Carl Jung a défini le Soi comme l'*imago Dei*. Il en a fait la clé de voûte de sa psychologie, laquelle vise en définitive à faire qu'un individu devienne « Soi-même ».

La Commission californienne pour la promotion de l'estime de soi et la responsabilité personnelle et sociale

Déjà en 1984, le sénateur de Californie John Vasconcellos était chargé de présider la *California Task Force to Promote Self-Esteem and Personal and Social Responsibility* (Commission californienne pour la promotion de l'estime de soi et de la responsabilité personnelle et sociale). Cette commission visait à résoudre les problèmes qui sévissaient chez la jeunesse américaine : délinquance, violence, absentéisme et échecs scolaires, consommation de drogue, augmentation des grossesses non désirées chez les adolescentes, chômage chronique, etc. Après trois ans de recherche, elle concluait que la formation à l'estime de soi permettait de guérir ces maux sociaux. L'estime de soi sortait alors du cadre de l'épanouissement personnel pour entrer dans le monde de l'économie et de la politique américaines.

Au premier congrès de la *California Self-Esteem* à San José en février 1986, germa l'idée d'un Conseil national pour l'estime de soi (*National Council for Self-Esteem*). Ce conseil connut une rapide expansion quant au nombre de ses membres et quant à la formation de ses nombreux chapitres à travers les États-Unis. En 1995, le *National Council for Self-Esteem* adopta le nom définitif de *National Association for Self-Esteem* (*NASE*).

Nathaniel Branden, un pionnier de l'estime de soi, fut le premier orateur invité à la fondation de l'*International Council for Self-Esteem* à Oslo, en Norvège, en 1990. Cette association se donna comme objectif de promouvoir la conscience des bienfaits d'une saine estime de soi et de la responsabilité sociale. Cette association compte aujourd'hui plus de 48 pays membres.

Depuis 1995, il existe au Québec l'*Association des intervenantes et des intervenants pour le développement de l'estime de soi*. Elle fait partie du *World Council for Self-Esteem*. Elle tient un colloque annuel sur divers sujets relatifs à l'estime de soi en pédagogie et en croissance personnelle.

Nathaniel Branden

Nathaniel Branden est un ouvrier de la première heure de l'estime de soi. Dès les années cinquante, au tout début de sa carrière de psychologue, il s'est intéressé à détecter les effets nocifs de l'absence de l'estime de soi tels l'anxiété, la dépression, l'échec scolaire, le pauvre rendement au travail, la peur de l'intimité, l'abus d'alcool et de drogue, la violence familiale, la passivité chronique, la codépendance, etc. Devant de tels effets, il a mis l'estime de soi au centre de ses préoccupations de recherche et de publication. Son livre *The Six Pillars of Self-Esteem*[1] est considéré comme un classique sur le sujet.

J'aimerais cependant faire trois remarques sur sa conception de l'estime de soi et sur les moyens qu'il suggère pour l'acquérir. La première concerne sa définition de l'estime de soi : Branden la définit surtout sous l'angle de la compétence et des aptitudes, et non sur le plan de l'être. Ainsi, il parlera « de la confiance dans notre aptitude à penser, de la confiance dans notre habileté à relever les défis fondamentaux de la vie ». Il mentionnera ensuite l'importance à accorder à sa valeur personnelle, mais décrite toujours en termes de réussite personnelle. C'est dans le même esprit qu'il parlera « de la confiance à réussir et à être heureux, du sentiment de notre valeur

---

[1]   N. BRANDEN, *The Six Pillars of Self-Esteem*, New York, Bantam Books, 1994.

personnelle, du pouvoir d'affirmer nos besoins et nos volontés, de la possibilité de réaliser nos valeurs et de jouir du fruit de nos efforts[2] ».

La seconde remarque touche à la technique proposée pour acquérir l'estime de soi. Elle consiste à compléter des débuts d'affirmations. Cette technique, faisant surtout appel à la rationalité et pas assez à l'affectivité, a en effet l'efficacité douteuse des bonnes résolutions.

La troisième remarque concerne sa position spirituelle. Branden semble réduire la spiritualité à une sorte de morale ou d'éthique purement humaniste. Il ne reconnaît pas l'importance de faire place à une forme de transcendance, pas même à celle du Soi. Le moi décrit par Branden serait dépourvu de toute dimension spirituelle. Coupé de ses ressources spirituelles, ce moi s'exposerait à tomber dans l'infatuation; n'admettant plus sa misère, il se croirait tout-puissant. On se retrouve en fin de compte devant un moi faible qui, confronté à des échecs et à des deuils, se dégonflerait rapidement et deviendrait dépressif.

La Programmation neurolinguistique (PNL) : Richard Bandler et John Grinder

Les années soixante-dix ont vu naître une école très prometteuse, celle de la Programmation neurolinguistique. Fondée en Californie par Richard Bandler, mathématicien, et John Grinder, linguiste, elle a comme objectif d'enseigner « des rendements d'excellence ». Ils développèrent la technique de « modélisation » consistant à prendre pour modèles des personnes, telles Virginia Satir, Milton Erickson, George Bateson et autres, qui se sont distinguées par leur excellence dans leur domaine respectif. En observant ces personnes, les créateurs de la PNL ont découvert les stratégies leur permettant de réaliser de telles performances. À la suite de ces « modélisations », ils présentèrent

---

2   *Ibid*, p. 4.

des stratégies garantissant des succès immédiats. Notre ouvrage en collaboration *Je suis aimable, je suis capable*[3] s'inspire des théories de cette école et de ses stratégies. En bref, la PNL compte sur les ressources conscientes et inconscientes de la personne et fournit de multiples moyens pour augmenter l'estime de soi et la confiance en soi.

Anthony Robbins

Parmi les explorateurs de l'estime de soi, on ne peut passer sous silence la contribution d'Anthony Robbins, l'un des explorateurs de la Programmation neurolinguistique. Ses ouvrages *Pouvoir illimité* et *L'éveil de votre puissance intérieure* ont connu un succès mondial. Conférencier dynamique et écrivain populaire, il rejoint des millions de gens, dans divers pays, par ses livres, ses ateliers, ses entrevues télévisées, ses cassettes et son site Internet *Dreamlife*[4]. Il a formé des disciples qui répandent ses idées sur l'épanouissement « illimité » de toute personne qui applique ses méthodes. Il est devenu l'ultime rejeton du *Human potential movement*.

Les auteurs contemporains français

Un excellent article de *L'Express* (22 février 2001) décrit comment la vague de l'épanouissement personnel a inondé la France. Il serait trop long de relever ici la littérature contemporaine sur le sujet. Je tiens toutefois à signaler les recherches de deux psychiatres qui se sont penchés sur la question de l'estime de soi. André Christophe et François Lelord ont remporté, avec leur ouvrage *L'estime de soi : S'aimer pour mieux vivre avec les autres*[5], un grand succès littéraire.

---

3   J. MONBOURQUETTE et al., *Je suis aimable, je suis capable : Parcours pour l'estime et l'affirmation de soi*, Ottawa, Novalis, 1996.

4   www.dreamlife.com

5   A. CHRISTOPHE et F. LELORD, *L'estime de soi : S'aimer pour mieux vivre avec les autres*, Paris, Éditions Odile Jacob, 1999.

Parmi les ouvrages sérieux, je souligne également celui de Josiane de Saint-Paul, *Estime de soi, confiance en soi*[6].

Conclusion

Cette brève histoire de la notion d'estime de soi a permis d'en retracer les précurseurs et les promoteurs actuels. Toute modeste qu'elle soit, elle aura l'avantage de montrer que l'estime de soi n'est pas une « trouvaille » psychologique moderne. Et je compte bien sur la contribution d'autres chercheurs pour enrichir l'histoire de l'estime de soi, concept très riche et particulièrement prometteur tant en psychologie qu'en spiritualité.

---

6   J. de SAINT-PAUL, *Estime de soi, confiance en soi : Les fondements de notre équilibre personnel et social*, Paris, InterÉditions, 1999.

Deuxième chapitre

L'amour de soi et la confiance en soi

Je suis voyageur et navigateur.
Et tous les jours, je découvre un nouveau continent
dans les profondeurs de mon âme.

Khalil Gibran

La perception de soi

La perception de soi fait prendre conscience des divers aspects de sa personnalité : traits physiques et psychologiques, qualités morales, besoins, acquis et ressources, capacités et limites, forces et faiblesses.

Ainsi, si on me demandait de décrire la perception que j'ai de moi-même actuellement, je dirais : « Je suis un homme; j'exerce la fonction de prêtre; j'ai la carrière de professeur; je m'applique à être un bon communicateur; quelque peu timide, j'aime pourtant les défis. » Et je pourrais poursuivre de la sorte en énumérant les divers aspects de la personne que je suis devenue. Je reconnais comme miennes les qualités que mon entourage me renvoie. Toutefois, je ne suis pas tout à fait dépendant de l'appréciation d'autrui. Plus j'acquiers de la maturité, plus je découvre en moi, par la réflexion et l'expérience, d'autres qualités et aspects intéressants. En résumé, l'estime que j'ai bâtie de moi-même dépend à la fois de l'appréciation des autres et de la mienne.

La conscience de soi est donc à l'origine des jugements valorisants ou dévalorisants qu'on porte sur sa personne et sur ses compétences. L'enfant est davantage dépendant de l'appréciation des autres, il se compare le plus souvent à eux pour s'évaluer lui-même. Mais peu à peu, avec l'acquisition d'une plus grande autonomie, l'estime de sa valeur personnelle et de sa compétence se fait en se comparant davantage à soi-même et à ses propres progrès. Et c'est l'ensemble des jugements portés sur soi-même qui constituera l'estime de soi.

Une distinction importante

D'entrée de jeu, je tiens à établir une distinction importante entre l'estime de soi pour sa personne et l'estime de soi pour ses compétences. Dans les milieux pédagogiques américains, deux courants d'idées coexistent : les uns mettent l'accent sur l'estime de soi pour la personne elle-même conçue comme ayant une valeur unique et infinie; les autres, sur l'estime de soi pour sa compétence.

Virginia Satir, une représentante du premier groupe, affirme : « Je suis moi. Dans le monde entier, il n'y a pas d'autre personne exactement comme moi. » Elle insiste sur la reconnaissance à accorder à l'unicité de sa personne et sur l'acceptation de tous ses traits corporels, émotions, besoins, facultés, qualités, erreurs, etc. Son acte de foi en la valeur inestimable de la personne relègue au second rang les performances et le rendement.

Nathaniel Branden, pour sa part, insiste sur le développement des aptitudes. Sa philosophie de l'estime de soi se retrouve tout entière dans la définition qu'il en donne : « L'estime de soi est la disposition à se faire confiance qu'on est apte à répondre aux défis fondamentaux de la vie et digne de bonheur[7]. » Branden met d'abord l'accent sur la responsabilité et sur le rendement. La valeur de la personne et le respect qui lui est dû occupent chez lui la seconde place.

Comment concilier ces deux tendances, d'une part celle de s'aimer et de s'accepter soi-même et, d'autre part, celle de se valoriser en raison de ses aptitudes et de son rendement? À mon avis, il s'agit là d'un faux problème. Les deux formes d'estime de soi doivent être également valorisées. On accordera cependant la priorité à l'estime de soi pour sa personne, selon le principe philosophique que l'agir suit l'être (*agere sequitur esse*).

(Voir la stratégie « Distinguer l'estime de soi pour sa personne de l'estime de soi pour sa compétence ». Toutes les stratégies mentionnées dans ce livre se retrouvent dans le recueil *Stratégies pour développer l'estime de soi et l'estime du Soi*, à paraître chez Novalis en 2003. Voir bulletin de commande à la dernière page de ce livre.)

L'estime de soi pour sa personne

> *Lorsqu'on s'aime réellement,*
> *qu'on s'approuve et qu'on s'accepte tel que l'on est,*
> *tout fonctionne dans la vie.*
> *C'est comme de petits miracles surgissant de partout.*
> Louise Hay

Voici quatre signes permettant de reconnaître l'estime de soi pour son être.

---

[7]   N. BRANDEN, *op. cit.*, p. 27.

Se reconnaître le droit de vivre

*L'affirmation de la vie est un acte spirituel
par lequel l'homme cesse d'agir d'une façon irréfléchie
et commence à révérer sa vie afin de la contempler à sa juste valeur.*

Albert Schweitzer

On considère habituellement comme allant de soi le droit à la vie, sauf dans certaines situations, en face d'un danger mortel par exemple. Alors, on en ressent vivement l'urgence en vertu de l'instinct de survie.

Que dire maintenant d'une personne qui, en raison de trop grandes souffrances, aurait perdu le goût de vivre, voire l'instinct de vivre? Elle doit impérativement retrouver son instinct de vie. Comment? Elle s'avisera d'abord de demander de l'aide; il existe en effet plusieurs moyens de contrôler la souffrance. Puis elle décidera de vouloir vivre et de bien vivre. À une mère affligée par la dépression de sa petite fille de cinq ans, un médecin disait : « C'est bien que vous fassiez tout votre possible pour qu'elle continue de vivre, mais c'est à elle qu'il revient de décider de vivre. Personne ne peut le faire à sa place. »

Il existe par ailleurs des suicides subtils qui militent contre l'instinct de vie : fumer, boire avec excès ou se droguer, rouler à des vitesses excessives, etc. Le moins qu'on puisse faire pour se reconnaître le droit à la vie, c'est éviter de l'endommager ou de la dégrader.

Les convictions qui réconfortent le goût et le droit de vivre sont les suivantes : j'ai le droit d'exister; je suis responsable de mon existence; je suis responsable de mon intégrité physique; je veux vivre et vivre en bonne condition physique; je ne fais rien pour endommager ma santé; etc.

Être conscient d'être une personne unique et irremplaçable

La valeur d'un homme se mesure
à l'estime qu'il a de lui-même.

François Rabelais

Apprécier sa valeur de personne unique et irremplaçable ne consiste pas à se croire parfait ou meilleur que les autres. Cela ne pousse pas à se comparer aux autres, à entrer en compétition avec eux ni à les rabaisser. Mais être conscient de son unicité comme personne, c'est reconnaître le sentiment de l'inviolabilité de sa conscience, l'assurance paisible et la fierté de soi.

Malheureusement, certains doutent constamment de la valeur de leur personne. Ils se croient faux et indignes d'admiration et d'amour, marqués de tares congénitales. Il y en a encore qui se comparent constamment aux autres, une vieille habitude apprise dès l'enfance, suite à des messages reçus : « Tu vois qu'est-ce que ta grande sœur fait, elle! »; « Tu n'es pas sage comme ton cousin »; « Tu n'es pas appliqué comme les autres »; etc. Chaque enfant, chaque personne est unique; aucune comparaison n'est justifiée. Voici ce qu'en dit Max Ehrmann : « Si vous vous comparez aux autres, vous pouvez devenir orgueilleux et amer, car il existera toujours des gens mieux que vous et d'autres moins bien que vous. »

Pour contrer ces attitudes aussi dévalorisantes, il importe de renforcer ses convictions en la valeur et en l'unicité de sa personne : j'ai de la valeur; je suis unique au monde et incomparable; je suis très important; je me traite avec respect et j'attends des autres le même traitement; je possède une dignité personnelle; je me sens digne d'appréciation; je suis fier de moi; je suis le meilleur témoin de ma vie intérieure (de ce que j'y vois, de ce que j'entends et de ce que je ressens); etc.

Accepter tous les aspects de sa personne sans les censurer ni les nier

Parce que je reconnais comme mien tout ce qui est à moi,
je puis me connaître davantage.
En agissant ainsi, je peux m'aimer
et être en bonne relation avec chaque partie de moi-même.

Virginia Satir

Voici un défi majeur posé à l'estime de soi : apprendre à accepter tous les aspects de son corps, la diversité et la mouvance de ses émotions, de ses pensées, de ses désirs, de ses rêves, et même de ses ombres, comme faisant partie de sa personnalité. L'idéal consiste en effet à laisser émerger en soi son matériau conscient et inconscient sans l'interpréter, le rationaliser, l'exprimer ou en prendre conscience. On aura plutôt tendance à censurer une sensation déplaisante, un malaise, une émotion embarrassante, une pensée gênante, un désir indécent ou un rêve fou. On sera porté à les éviter, à les occulter et à les refouler comme des phénomènes inacceptables. Ces manœuvres ne feront qu'augmenter le volume de son ombre (voir le développement sur l'ombre de la personnalité, p. 148-157). Ce qu'on n'aura pas voulu reconnaître et accepter continuera d'agir en soi et sur soi malgré notre volonté.

Pour éviter ces refoulements néfastes, on prendra la position d'un observateur qui, au lieu de s'identifier à ses états d'âmes, les laissera passer comme des nuages évanescents. C'est là le rôle et l'effet d'une authentique méditation.

Celui qui s'accueille sous toutes les facettes de son être se laissera guider par les convictions suivantes : j'accepte d'expérimenter toutes les parties de mon être pour la seule raison qu'elles m'appartiennent; j'accepte la présence de mes pensées, même si je ne peux pas toujours les réaliser; j'accepte de ressentir mes émotions et mes sentiments même s'ils sont pénibles ou frustrants; je cherche à être en harmonie avec toutes les parties de mon être; etc.

Se considérer aimé et s'aimer soi-même

La pire des solitudes n'est pas d'être seul,
c'est d'être un compagnon épouvantable pour soi-même.
La solitude la plus violente, c'est de s'ennuyer en sa propre compagnie.

Jacques Salomé

Les marques gratuites d'attention et d'affection prodiguées par les proches et les éducateurs incitent l'enfant à se traiter d'une façon bienveillante et chaleureuse. Il apprend ainsi à se considérer comme son « meilleur ami ». Comment cela se manifestera-t-il? Un ami intime écoute, comprend, encourage et exprime son amour bienveillant et compatissant. L'être qui se considère aimé agira de même à son propre endroit.

L'amour de soi commence par une authentique compassion envers soi. Loin de se disputer pour ses erreurs, de se blâmer dans la souffrance et de s'humilier dans les échecs, la personne qui s'aime s'écoute, se console, s'encourage et se fait confiance.

L'amour fidèle et constant de soi joue également un rôle déterminant dans l'amour du prochain. Sans amour de soi, l'amour des autres est en effet impossible.

L'amour de soi repose sur les convictions suivantes : j'ai l'assurance d'être aimé et d'être aimable; je suis compatissant envers moi-même; je me pardonne mes erreurs et mes fautes; je suis mon meilleur ami; je me parle avec tendresse; je m'encourage dans les moments pénibles; etc.

L'estime de soi pour sa compétence

La deuxième forme d'estime de soi porte sur la compétence d'une personne. Elle se traduit par un sentiment de confiance en ses capacités, une volonté de maîtriser les tâches qui se présentent à soi et la détermination d'accomplir ses projets et ses rêves. Elle n'a rien à voir avec le sentiment d'être tout-puissant et omniscient. Elle donne de croire en sa capacité d'apprendre, elle permet d'affronter son travail et de relever les défis courants de la vie.

Voici les manifestations d'une telle estime de soi et les convictions qui la soutiennent.

Croire en sa capacité d'apprendre

Bon nombre de personnes n'ont pas confiance en leur pouvoir d'apprendre. Elles doutent d'elles-mêmes, ne se croient pas aussi intelligentes que les autres, convaincues de ne pas avoir leur brio. Elles entretiennent la croyance d'être bornées, de devoir travailler davantage que les autres pour réussir, de devoir tout apprendre par cœur, par exemple. Bref, elles obéissent aux interdits des mauvais éducateurs qui les ont sans cesse découragées et les ont amenées à douter de leurs capacités.

En revanche, la personne qui s'estime fait confiance à ses facultés mentales : son intelligence, son imagination, son jugement, sa capacité d'apprendre d'une façon méthodique, etc. Par exemple, je connais un homme qui à l'âge de 82 ans a appris à se servir d'un ordinateur. Non seulement il maîtrise le traitement de texte, mais encore il y reproduit ses dessins et ses peintures en vue de les améliorer.

De telles personnes nourrissent en elles une certitude et une assurance touchant leur capacité d'apprendre. Elles chérissent en elles les convictions suivantes : je suis douée de qualités intellectuelles; je suis assuré de pouvoir m'acquitter des tâches ordinaires et de relever les défis quotidiens; je me donne des objectifs réalisables et je sais les mener à terme; etc.

Accepter son niveau de compétence sans se comparer à d'autres

La reconnaissance de ses aptitudes et de ses limites actuelles et le refus de se comparer sont deux conditions essentielles pour acquérir une juste estime de soi dans l'ordre de la compétence. Il est essentiel par ailleurs de bien mesurer ses aptitudes et leurs limites pour chercher à les dépasser. Au lieu de rêver d'exploits fabuleux ou impossibles, une personne devra se contenter de sa compétence avec ses limites actuelles. Sinon, elle se rendra vite compte qu'elle a placé la barre trop haut. C'est ce qui m'est arrivé pendant la rédaction de ma thèse de doctorat. Je me disais : « Il faudrait bien que j'écrive dix pages aujourd'hui. » À la fin de la journée, alors que je n'avais pas réussi à rédiger une seule page, je devenais frustré, anxieux et déprimé. J'ai donc cessé de m'obliger à l'impossible et j'ai appris à me satisfaire du peu que j'avais accompli. Les petites réalisations valent plus que les grandes prétentions.

La personne qui a confiance en elle-même surmonte sa peur du risque. Elle n'est pas hantée par la perspective de commettre des erreurs. Si elle en commet, elle sait les réparer; elle les considère comme autant d'occasions d'apprendre ce qu'il ne faut pas faire.

Cette confiance est alimentée par les convictions suivantes : je me sens capable; je n'ai pas besoin de me comparer aux autres; je compare plutôt mes réalisations à celles du passé; j'accepte mon niveau actuel de compétence, tout en cherchant à m'améliorer sans cesse; j'ose relever de nouveaux défis; je transforme mes erreurs en autant d'informations sur ce qu'il ne faut pas faire; je suis sûr de pouvoir conduire à terme mes projets; etc.

Savoir se valoriser à la suite de ses succès, si petits soient-ils

Celui qui s'estime correctement se souvient de ses réussites antérieures et y trouve un réconfort. Il vit sans cesse dans l'espoir de réussir à nouveau. Le succès engendre le succès. Cette personne envisage l'avenir avec optimisme. Elle ne doute pas de ses possibilités de réussite. Elle se voit et se sent en train de réussir, et elle se le dit. Cette vision lui procure de l'élan et de l'espoir. La perspective des obstacles et des difficultés qu'elle devra rencontrer, bien loin de la décourager, la stimule à avancer. Elle a acquis l'assurance de les surmonter grâce à sa débrouillardise et au soutien des autres.

Les convictions qui soutiennent ce type d'estime de soi sont les suivantes : je me sens encouragé par mes petits succès; je me donne des objectifs réalisables; je me félicite de mes succès; je me vois en train de réussir; j'apprends à surmonter les obstacles; etc.

Chercher sa mission et voir à la réaliser

L'ultime niveau de la confiance en soi consiste à réaliser sa mission personnelle. À notre avis, la mission ne se réduit pas à exercer un emploi ou à avoir une carrière confortable. Elle répond au « rêve de l'âme », à une inclination profonde du cœur pour un service rendu à la communauté. Elle transcende les ambitions de l'ego. Elle se trouve plutôt sous la mouvance du Soi. Mais, attention, si on ne jouit pas d'une grande estime de soi pour sa compétence, d'une forte confiance en soi, il est peu probable qu'on prenne le risque d'obéir à sa mission personnelle.

Une fois qu'on aura découvert « le rêve de son âme » et acquis la conviction qu'on peut le réaliser quels que soient les sacrifices qu'il comporte, on atteindra un état ineffable d'épanouissement. La personne qui aura eu le courage de suivre l'élan de son cœur se sentira vivante et créatrice au service de la société.

Pour soutenir son élan à la recherche de sa mission, la personne nourrira les convictions suivantes : je suis assuré d'avoir une mission personnelle; je la cherche dans ce qui me passionne et m'enthousiasme le plus; je lui resterai fidèle malgré les obstacles et les oppositions de mon entourage; je suis conscient en ce moment d'avoir une vocation unique et de pouvoir remplir un rôle de cocréateur de l'Univers; etc.

Conclusion

Peut-on imaginer qu'une personne ait une très haute estime d'elle-même pour sa personne, sans avoir confiance en ses capacités? Elle aurait probablement tendance à ne pas assumer ses responsabilités et à éviter de prendre des risques. Par ailleurs, elle exigerait d'être acceptée et aimée malgré ses incapacités et sa passivité. Elle se ferait « hypersocialisée » pour faire oublier son manque d'initiative et sa paresse. Elle prétendrait que sa gentillesse et sa beauté l'excusent de ne pas s'acquitter des tâches ordinaires ou de ses responsabilités. Elle se spécialiserait dans la séduction et les excuses, manipulant les autres à son service.

À l'inverse, imaginons le caractère de celui qui, ayant développé au maximum ses talents, n'a pas acquis l'estime de sa personne. Il est devenu boulotmane, perfectionniste, sauveteur parfait et maniaque du devoir. Par son travail et son dévouement, il s'attend à beaucoup de marques d'attention en espérant que les gens finiront par lui manifester de l'affection. Mais, hélas, ce carencé affectif ne réussira pas à se faire aimer. Même au milieu de ses plus belles performances, il a le sentiment d'être faux et il souffre de l'angoisse secrète de ne pas être aimé. J'ai rencontré une jeune femme qui se privait même d'utiliser ses nombreux talents de peur d'être appréciée uniquement pour sa compétence. Son manque d'estime d'elle-même pour sa personne la portait à saboter ses grands talents par crainte d'être exploitée.

Il n'est pas rare de rencontrer des personnes qui prennent conscience que leur carrière ou leur profession les a rendues esclaves de leur travail. En particulier au mitan de la vie, elles se réveillent pour constater qu'elles ne s'aiment pas, qu'elle ne sont pas aimées. Cette prise de conscience les porte à se déprimer et à dévaloriser les aptitudes qui jadis faisaient leur gloire.

L'estime de soi pour sa personne et celle pour sa compétence sont toutes deux nécessaires. Il importe de trouver un juste équilibre entre les deux, de les harmoniser correctement.

Troisième chapitre

Haute et basse estime de soi

Il s'agit d'apprendre ses langues intérieures.
Une grande partie de l'existence
se passe entre soi et soi-même.
Autant explorer le terrain
et en tirer un meilleur parti!
Jean-Louis Servan-Schreiber

L'estime de soi : une façon de se regarder, de se parler et de se sentir

Les auteurs contemporains ne s'entendent pas sur la définition de l'estime de soi, souvent considérée comme une sorte de fourre-tout psychologique. Y aurait-il moyen de formuler une définition de l'estime de soi qui soit concrète, profitable et mesurable? L'estime de soi se définit par la façon de se regarder, de se parler et de se sentir. Dans la pratique, il s'agit d'entrer en soi pour y découvrir les perceptions qu'on a de soi-même. On prêtera une attention spéciale à ses opérations mentales portant sur soi, à savoir les *regards* qu'on se porte, les *paroles* qu'on se dit sur soi-même, et les *émotions et sentiments* que l'on éprouve face à soi-même. J'apprendrai ainsi quelle estime j'ai de mon être et de ma personne, de même que de mes habiletés ou performances.

Je saurai exactement à quel point je m'estime ou me mésestime en répondant aux questions suivantes :

1) Quel est le regard que je porte sur ma personne et sur mes aptitudes, c'est-à-dire quelles images je me fais de ces deux dimensions de mon être?

2) Quel est le dialogue que j'entretiens sur ma personne et mes aptitudes et comment je me parle?

3) Quels sont les émotions et sentiments que j'éprouve envers ma personne et mes aptitudes?

Je découvrirai donc l'estime que je porte à ma personne et à mes aptitudes grâce aux perceptions visuelles (V), auditives (A) et émotionnelles (K pour kinesthésiques) que j'ai de moi-même. Elles sont autant de points de repères et de normes permettant d'évaluer l'estime que j'ai de moi-même.

(Voir les stratégies suivantes : « Reconnaître les représentations visuelles, auditives et kinesthésiques de l'intériorité »; « Calibrer l'extériorité et l'intériorité ».)

Je prendrai conscience de mon intériorité, à savoir a) des représentations visuelles que j'ai de moi-même (exemple : je me vois d'un port agréable); b) de mes représentations auditives, c'est-à-dire du contenu et du ton de mon dialogue intérieur (exemple : je me dis que je suis intelligent); c) de mes représentations kinesthésiques, la mouvance des émotions et des sentiments que j'éprouve face à moi-même (exemple : je me sens bienveillant envers moi-même). Ainsi, on l'aura remarqué, l'estime de soi ne renvoie pas à quelque chose de magique, de vague et d'abstrait, mais bien à des perceptions concrètes.

Faisons un pas de plus. Nous avons en effet le pouvoir de modifier nos perceptions de notre personne et de nos aptitudes. Par exemple, si je ne me vois qu'à travers un défaut, rien ne m'empêche de changer mon angle de vision. Si je suis porté à m'accabler de paroles dures, je puis fort bien les remplacer par des paroles encourageantes. Si je me sens abattu, j'ai en moi la capacité de convertir ces émotions dépressives en émotions positives et enthousiastes, en modifiant ma posture physique et ma respiration. En somme, il est possible de gérer au mieux les perceptions mentales que nous avons de nous-mêmes. Nous n'avons pas à les accepter comme si nous étions impuissants devant elles. Le recueil *Stratégies pour développer l'estime de soi et l'estime du Soi* présente toute une gamme de stratégies visuelles, auditives et kinesthésiques visant à hausser l'estime de soi.

Critères d'une haute et d'une basse estime de soi

> *Vos pensées ont fait de vous ce que vous êtes,*
> *et elles feront de vous ce que vous deviendrez à partir d'aujourd'hui.*
>
> Catherine Ponder

Comment savoir si j'ai une haute ou basse estime de moi? La réponse réside dans la façon positive ou négative de me voir, de me parler et de me sentir. Examinons d'abord l'estime de soi pour sa personne, puis l'estime de soi pour ses aptitudes.

(Voir la stratégie « Découvrir l'influence du VAKO sur l'énergie personnelle à l'aide de la kinésiologie ».)

L'estime de soi pour sa personne

Quel est le regard intérieur que je porte sur ma personne?

Une haute estime de soi commence par un regard bienveillant sur sa personne. Pour savoir la différence entre un regard positif et bienveillant et un regard négatif et malveillant, il suffit de répondre aux questions : « Comment j'apprécie ou je déprécie l'image corporelle que j'ai de moi? Est-ce que j'aime mon apparence physique? Est-ce que je la déteste? » Parfois, le dégoût qu'on ressent envers soi tient à un seul trait physique présumé laid ou difforme. Certains concentrent leur vision sur ce trait défectueux. Ils perdent de vue l'ensemble de leur apparence physique et morale. Ils se jugent et ils se déprécient en fonction d'une légère imperfection. C'est le cas de l'adolescent qui se voit tout entier à travers le bouton sur son visage.

Celui ou celle qui s'estime sera enclin à se considérer comme une personne aimable dans ses relations sociales. De plus, il entretiendra l'idée que les autres le considèrent digne de respect et d'amour. Par opposition, celui qui ne s'estime pas ne pourra jamais se croire digne d'amour et de respect des autres.

Le degré d'estime de soi dépend de l'appréciation qu'on fait de sa valeur et de ses qualités personnelles. Elle ne résulte pas d'une comparaison avec autrui et elle se mesure au progrès accompli par soi-même. Ainsi, une personne ayant une haute estime d'elle-même se dira : « Je me vois plus tolérante, plus entreprenante, plus affable que je l'étais. » En revanche, celle qui se mésestime fonde trop souvent son jugement sur elle-même en se comparant aux autres, et cela presque toujours à son désavantage.

(Voir les stratégies suivantes : « Se regarder et apprendre à s'aimer dans son être et à s'apprécier dans son agir »; « Se savoir aimé à travers les yeux d'une personne significative »; « Apprendre à jouer avec les sous-modalités des représentations visuelles »; « Trouver des modèles »; « Bâtir le centre d'excellence »; « Changer les images nuisibles en images ressourçantes ».)

Quels sont les commentaires que je fais sur ma personne?

Vous apprendrez à écouter votre voix intérieure
et à ne suivre que le chemin de la joie.

Ramtha

Le questionnement sur soi couvre l'ensemble de son dialogue intérieur avec soi sur son aspect physique, ses qualités, ses valeurs, etc. La personne qui a une haute estime d'elle-même émet des commentaires bienveillants sur elle-même; par contre, celle qui a une faible estime d'elle-même est portée à se critiquer d'une façon sévère, parfois même blessante.

Le ton de la voix utilisé pour se parler a une grande influence sur l'estime de soi : un ton dur et sévère produit une émotion de peur et de détresse. À l'inverse, un ton compatissant et doux suscite de la tendresse et de la bienveillance envers soi-même. La réaction d'une personne à l'occasion d'une erreur ou d'un échec est très révélatrice. Ainsi, celle qui a une pauvre estime d'elle-même sera portée à utiliser le ton du parent critique et à s'accabler de reproches. Elle déroule, dans son dialogue intérieur, une vieille bobine de phrases humiliantes et dégradantes à son égard. Elle dramatise la situation, comme si sa personnalité tout entière était tarée par quelque vice caché et incurable. En revanche, la personne qui a une bonne estime d'elle-même se parle d'un ton compréhensif et s'adresse des paroles réconfortantes. Elle voit dans ses erreurs ou ses échecs une occasion de découvrir ce qu'il ne faut pas faire pour atteindre son but.

La personne qui s'estime sait très bien gérer les évaluations et les critiques qu'on lui adresse. Se connaissant bien, elle est en mesure de les apprécier à leur juste valeur. Elle discerne la pertinence des unes et la non-pertinence des autres. En particulier, elle se méfie des définitions réductrices telles que : « Tu n'es que... » ou encore : « Tu n'es bon qu'à... » Par ailleurs, la personne qui se mésestime se montre vulnérable aux jugements des autres et leur accorde trop de crédibilité.

(Voir les stratégies suivantes : « Substituer aux expressions nuisibles à l'estime de soi des expressions constructives »; « Gérer son dialogue intérieur », « Déprogrammer des messages nuisibles à l'estime de soi », « Répondre adéquatement à des commentaires destructeurs », « Transformer ses erreurs en sources d'information et d'apprentissage ».)

Les convictions

Les convictions qu'on entretient sur soi-même ont été élaborées en soi par suite d'expériences malheureuses ou heureuses. Elles font l'effet de pensées figées et tenaces enregistrées dans la mémoire affective. Elles reviennent à la surface et on se les répète quand on vit des situations semblables à celles qui les ont engendrées. Elles sont de deux types : les unes déprimantes et les autres épanouissantes. Certains, lors d'un échec ou d'un refus cuisant, ont tendance à dramatiser l'événement, et leur réaction devient une règle générale. Ils se redisent sur un ton pessimiste : « Je savais bien que j'étais né pour un petit pain »; « Ça n'arrive qu'à moi »; « Je suis né pour la malchance ». D'autres, qui ont acquis des croyances optimistes sur eux-mêmes, se disent plutôt : « J'ai eu un échec, certes, mais cette situation est passagère. Je suis convaincu que je suis né sous une bonne étoile et qu'un jour je réussirai. » Notre recueil de stratégies montre comment transformer un scénario défaitiste en un scénario inspirateur de l'estime soi et de la confiance en soi.

Plusieurs expriment leurs croyances sous forme de métaphores, ce qui en augmente la force de persuasion. Comparons par exemple la portée des métaphores suivantes : « Ma vie est un chemin plein d'embûches », disent les uns; ou « Ma vie regorge de possibilités », disent les autres. Il n'est pas difficile de distinguer la métaphore qui favorise une saine estime de soi de celle qui engendre la mésestime et le pessimisme.

(Voir les stratégies suivantes : « Corriger la perception de l'existence, de la vie et de l'Univers », « Changer ses croyances limitatives en des croyances constructives de l'estime de soi ».)

Les fausses identifications

Il existe une façon de parler dont on abuse trop facilement. Elle consiste à s'identifier avec une de ses qualités ou un de ses défaut (je suis généreux), avec une partie de son physique (je suis malentendant), avec une faculté (je suis intelligent), avec un rôle social (je suis mécanicien), avec un talent (je suis un artiste), avec une compulsion (je suis un alcoolique), etc. L'emploi inconscient et abusif du verbe « être » a des effets restrictifs et oppressifs sur la valorisation de sa personne.

Il est toujours préférable d'employer le verbe « avoir » ou d'autres verbes pour décrire ses attributs. En effet, le fait de m'identifier à un aspect de moi-même me définit exclusivement par cet aspect et limite ma capacité de me voir autrement. Si je me décris comme étant « généreux », sans plus, cette identification démesurée de moi-même m'empêchera de cultiver la qualité contraire, par exemple celle d'économie et de prudence dans le don de moi-même. Ainsi, pour remplacer les affirmations énumérées plus haut, on dira : « J'ai de la générosité; je *souffre* d'une surdité; j'*ai* une bonne intelligence; je *pratique* le métier de mécanicien; j'*exerce* la profession d'artiste, j'*ai* une tendance à l'alcoolisme ».

(Voir la stratégie « S'affranchir des identités superficielles ».)

Quels sont les sentiments et les émotions que je ressens à mon sujet?

Il est possible d'identifier les émotions qu'on éprouve à son sujet, qu'elles soient épanouissantes ou débilitantes. Elles sont souvent les conséquences du regard qu'on porte sur soi et du dialogue qu'on entretient avec soi-même. L'important est de ne pas se rendre esclave d'un état émotif.

Une première façon de transformer ses états émotifs consiste à modifier sa posture. Ainsi, il est possible de changer une attitude dépressive se manifestant par un air fatigué, une posture courbée, une respiration courte et peu profonde. Il s'agit de prendre une attitude énergique en adoptant une posture droite et une respiration profonde.

Une seconde façon de maîtriser ses émotions et ses sentiments, c'est de les exprimer. Je commence par les identifier quels qu'en soient la nature : joie, tristesse, enthousiasme, colère, amour, etc. Puis, je m'interroge sur le message qu'ils véhiculent. Une fois le message compris, j'exprime l'émotion et je m'applique à en éliminer la cause. Par exemple, je suis frustré; je prends bien conscience de ma frustration en écoutant mon corps, car le corps ne ment pas; puis, fort du message de frustration, je choisis ou non de l'exprimer. La personne qui s'estime choisira de l'exprimer, elle a ainsi une chance d'éliminer la cause de la frustration. La personne qui se mésestime fait le contraire : elle refoule ses émotions et ses sentiments pour ne plus les ressentir; elle les « somatise » ou les projette sur les autres; elle ne veut surtout pas en prendre la responsabilité.

Une troisième façon de gérer ses émotions consiste à se poser la question : « Est-ce que j'entretiens des vues optimistes et joyeuses sur la vie ou bien ai-je tendance à sombrer dans le pessimisme et le défaitisme? » Prendre conscience de son attitude devant les difficultés de la vie, c'est se donner le moyen de gérer ses états émotifs.

(Voir les stratégies suivantes : « Améliorer l'estime de soi par le soin du corps », « Accepter les parties mal-aimées de son corps », « Écouter les messages de son corps », « Reconnaître ses états émotionnels et leurs messages », « Passer à l'action à partir des émotions et des sentiments », « Réciter les litanies de l'amour », « Ancrer par le toucher ses ressources dans les situations de besoin ».)

Une dernière façon de changer son état émotif est de savoir prendre sans retard des décisions qui s'imposent pour ne pas laisser une situation se détériorer. La personne qui entretient une faible estime d'elle-même a de la difficulté à prendre une décision : le spectre de faire un mauvais choix la hante. Elle pèse le pour et le contre sans parvenir à une conclusion quelconque; elle imagine les pires conséquences si elle en venait à se tromper.

Celle qui a confiance en elle voit dans la prise de décision un processus qui se déroule dans le temps; elle prend donc le temps de bien clarifier ses options, de s'informer des enjeux et d'en discuter les divers aspects. C'est seulement après ce travail qu'elle doit consulter son sentiment profond vis-à-vis des options avant d'en choisir une. Toutefois, elle se donne toujours la chance de réviser sa prise de décision tout au long de sa réalisation.

(Voir la stratégie « S'exercer à la meilleure prise de décision pour soi ».)

L'estime de soi pour ses aptitudes et sa compétence

Comment j'entrevois la réalisation de mes projets?

La personne confiante dans ses aptitudes aura en général une vision positive de son avenir. Quand elle songe à réaliser un projet, elle se fait une image claire de sa réussite et se montre enthousiaste avant même d'avoir commencé. Elle entrevoit les étapes de sa réalisation; elle supporte allègrement la tension entre ce qui est et ce qui n'est pas encore; elle persévère dans son dessein jusqu'à la fin. Elle ne se laisse pas décourager par les difficultés rencontrées, mais elle a l'assurance de les surmonter. Les échecs ou les erreurs de parcours ne viennent que stimuler son espoir et son ardeur; elle les voit comme des défis à relever.

En revanche, la personne victime d'une pauvre estime d'elle-même est paralysée par la possibilité d'erreurs et d'échecs. La simple perspective d'un échec possible la décourage; elle imagine à l'avance tous les obstacles qui pourraient se dresser sur son chemin et elle est portée à abandonner le projet avant même d'en avoir commencé la réalisation. Ses expériences infructueuses du passé l'obsèdent et viennent renforcer ses appréhensions. Elle tourne en rond et, à son insu, contribue à réaliser ses prédictions d'échec ou d'insuccès. La seule consolation qu'elle peut se donner, c'est de se dire : « Je le savais. »

Quel dialogue est-ce que j'entretiens avec moi-même sur mes capacités et mes réussites?

Simplement, les mots que vous utilisez
pour décrire votre expérience
deviennent votre expérience.

Anthony Robbins

La haute estime de soi fait dire à quelqu'un : « J'ai la capacité de...; je vais réussir; je sais comment m'y prendre; je vais demander conseil; je me reconnais le droit de ne pas réussir du premier coup... » Un tel dialogue intérieur permet de maintenir une solide motivation et de mener à terme ses projets.

La basse estime de soi fait tenir un dialogue inverse : « Je ne peux pas réussir; je n'arriverai pas à bout; je suis hanté par mes erreurs passées; à quoi bon?; à quoi ça sert?... » Il n'est pas étonnant qu'un langage aussi défaitiste démotive quelqu'un et sape ses énergies. La meilleure façon de lutter contre ce pessimisme latent est d'apprendre à reconnaître ses moindres petits succès et à en nourrir sa confiance.

Par ailleurs, l'estime de soi n'empêche pas une conscience réaliste de ses limites. Pour surmonter leur sentiment d'infériorité, certains succombent à la folie des grandeurs : ils visent l'impossible. Ils se croient capables de grands exploits et d'œuvres de création remarquables. Ils placent trop haut la barre de leur performance. Devant l'impossibilité de la tâche, ils finissent par capituler.

Quels sont les émotions et sentiments que j'éprouve devant mes aptitudes?

La clé pour avoir une vie passionnante,
c'est de faire confiance à l'énergie qui nous habite et de la suivre.

Shaki Gwain

Celui qui possède une saine estime de lui-même est fier de ses réussites, si petites soient-elles. Non seulement il apprécie son rendement, mais il accueille avec élégance l'appréciation d'autrui. Il garde pleine « sa banque de félicitations »; il va même jusqu'à prendre l'initiative de se célébrer lui-même. Il se sent prêt à affronter de nouveaux défis. Il développe le goût du risque, assuré qu'il est de toujours pouvoir réussir. Pour lui, le succès engendre le succès. Les réussites augmentent sa confiance en l'avenir et en son destin de « gagnant ».

À l'opposé, la personne souffrant d'une faible estime d'elle-même n'est jamais satisfaite de son rendement. Elle est hantée par la peur et l'indécision. Elle critique sévèrement ce qu'elle a accompli. C'est comme si elle entendait toujours ses éducateurs lui dire : « Tu aurais pu faire mieux. » Elle se montre frileuse vis-à-vis des félicitations ou, si elle les reçoit, en minimise la portée : « Je n'ai aucun mérite, les autres ont tout fait! »; « N'importe qui peut faire ça! »; « Vous aussi, vous travaillez bien! »

Les études sur l'estime de soi démontrent que les personnes à faible estime d'elles-mêmes prennent beaucoup moins de risques parce qu'elles cherchent à protéger leur ego des erreurs ou des échecs possibles. Elles anticipent à tort les commentaires assassins de l'entourage. C'est pourquoi elles évitent le plus possible les prestations en public, car elles se sentent mal à l'aise sous les feux de la critique.

Même le succès est ressenti comme une menace : elles redoutent les revers et les coups du sort. Elles craignent d'être incapables de se maintenir à la hauteur de la situation. À la suite de leurs réussites, elles imaginent devoir épauler de plus lourdes responsabilités. Elles éprouvent beaucoup de stress. Certaines se sentiront tellement stressées devant la perspective d'une réussite qu'elles feront tout pour saboter leur bonne fortune. On dira d'elles qu'elles ont le « bonheur anxieux ».

En guise de conclusion, voici un tableau présentant en parallèle les traits caractéristiques d'une haute et d'une basse estime de soi.

Tableau-résumé

Haute et basse estime de soi pour sa personne

Celui qui a une haute estime de soi	Celui qui a une basse estime de soi
Apprécie son physique	Se concentre sur un défaut
Apprécie ses qualités	Met surtout l'accent sur ses défauts
N'a pas tendance à se comparer aux autres	A tendance à se comparer aux autres à son désavantage
Se montre original	Se contente d'imiter les autres
Se considère a priori aimé des autres	Se méfie du regard des autres qu'il juge a priori hostile
Fait des remarques bienveillantes sur sa personne	Se montre très critique de lui-même et se donne des noms malveillants
Écoute les critiques des autres et les juge pertinentes ou non	Est très sensible aux critiques des autres et s'en préoccupe outre mesure
Se console quand il commet des erreurs ou subit des échecs	Se blâme et s'accable pour ses erreurs ou ses échecs
Multiplie les métaphores épanouissantes sur la vie	Entretient des opinions négatives sur la vie
Rejette les fausses identifications qu'on lui prête	Accepte les fausses identifications dont on l'accable
Se tient droit et est sûr de lui-même	Prend un air abattu et déprimé
Accepte ses émotions et sait les exprimer	Refuse d'accepter ses émotions et les refoule
Sait prendre de bonnes décisions selon une méthode efficace	N'arrive pas à prendre la moindre décision, il reste toujours hésitant

Haute et basse estime de soi pour ses aptitudes

Celui qui a une forte confiance en lui-même	Celui qui a une faible confiance en lui-même
A une vue positive et optimiste de ses projets	A une vue négative et défaitiste de ses projets
Persévère malgré les obstacles et les échecs	Abandonne tout au moindre obstacle ou échec
Entretient avec lui-même un dialogue optimiste et positif	Entretient avec lui-même un dialogue pessimiste et négatif
Est confiant de réussir	Redoute l'insuccès
Prend des risques	Ne prend aucun risque
Se rappelle ses succès passés	Se rappelle ses échecs
Accueille les compliments et les félicitations des autres	Se méfie des compliments ou des félicitations
Se sent stimulé par de nouvelles expériences	Se sent confortable dans la routine
Est confiant d'être à la hauteur des tâches proposées	Craint de ne pas pouvoir remplir les tâches demandées
Demande de l'aide et est confiant de l'obtenir	Est gêné de demander de l'aide
Cherche le défi et l'aventure	Cherche avant tout la sécurité
Aime relever des défis comme celui de parler en public	Craint les regards et les commentaires du public
Se sent encouragé à la suite de ses réussites	Devient stressé à la suite de ses réussites

(Voir les stratégies : « Distinguer l'estime de soi pour sa personne de l'estime de soi pour sa compétence »; « Planifier un objectif propice à l'estime de soi ».)

Quatrième chapitre

L'acquisition
de l'estime de soi

Une opinion fataliste voudrait que l'estime de soi ne s'apprenne pas. « On l'a ou on ne l'a pas », affirment certains. Les recherches psychologiques montrent au contraire qu'elle peut s'enseigner au rythme de chaque enfant et d'une manière adaptée à son tempérament. Les éducateurs ont la noble tâche d'aider l'enfant à acquérir une saine estime de lui-même et à devenir du même coup plus autonome. Au départ, l'enfant dépend étroitement de la réaction des personnes significatives pour arriver à se connaître et à s'estimer lui-même. Elles deviennent son miroir. Il prend peu à peu conscience de son « je » à partir des regards, des gestes et du comportement de ses parents à son endroit. Il découvre son « moi », le centre de sa conscience et de ses interprétations, et, finalement, il acquiert sa propre perception de lui-même.

Si les réactions de ses éducateurs sont vraies et correctes à son égard, l'enfant apprendra à se fier à ce miroir qu'ils lui renvoient de lui-même. En revanche, si l'entourage immédiat reflète de lui une image déformante, il se fera une fausse estime de lui-même.

À l'adolescence, le jeune essaie de se dégager de son premier cercle d'influence, de ses parents et de ses proches. Il le fait en cherchant des points de repère dans le groupe de ses pairs. Jusqu'à la maturité, il s'applique à vivre en conformité avec la ligne de conduite du groupe. Il continue à se construire une façade sociale en vue d'être accepté et d'affirmer son sentiment d'appartenance. Il se forge une *persona* ou un « moi-idéal » qui passe bien en société. L'estime de lui-même est conditionnée par les autres, qui sont devenus son point de comparaison. À la maturité, il entreprendra l'immense tâche consistant à se libérer de ses masques sociaux pour devenir un individu plus autonome.

La première influence étant celle exercée sur l'enfant par les attitudes et les comportements des éducateurs, j'exposerai ici les principes pédagogiques favorisant chez lui l'estime de soi. En vérité, ces mêmes principes sont valables à tout âge.

Conditions gagnantes pour une éducation à l'estime de soi

*En avançant, vous creusez et créez le lit de la rivière
dans lequel le ruisseau de votre descendance pourra se jeter et couler.*

Nikos Kazantzakis

J'éviterai de vous entretenir de maltraitance, de manipulation par le ridicule et la honte, de violence ou de négligence, d'abus sexuels. Je me limiterai aux facteurs pédagogiques favorables à l'acquisition et à la croissance de l'estime de soi. À cette fin, je résumerai les principes émis par Stantley Coopersmith dans son ouvrage *The Antecedents of Self-Esteem*. Il recommande aux éducateurs cinq attitudes :

a) Les éducateurs agiront de telle sorte que l'enfant se sente accepté dans sa personne, son être, ses émotions, ses pensées et ses jugements. Même s'ils auront à désapprouver ses comportements fautifs, ils se montreront accueillants à ses émotions et à ses idées. Du même coup, ils lui signaleront que, malgré ses inconduites, sa personne est ce qui compte le plus à leurs yeux.

b) Les parents donneront à l'enfant des règles de conduite bien définies et précises. Ils imposeront à ses actions des limites réalistes, car il n'est pas bon que l'enfant soit laissé totalement à lui-même. L'enfant se sentira alors en sécurité grâce à un encadrement bienveillant. Par ailleurs, les éducateurs apprendront à assouplir leurs règles à mesure que l'enfant donnera des signes de maturité.

c) Les éducateurs respecteront la personne et les droits de l'enfant. Ils éviteront donc de le ridiculiser, de le rabaisser, de lui retirer leur affection ou d'user de violence. Ils répondront à ses besoins et à ses aspirations dans la mesure des valeurs et des limites qu'ils auront cherché à inculquer dans la vie de famille.

d) Les éducateurs exprimeront à l'enfant des attentes élevées, mais raisonnables et proportionnées à ses capacités. Ils encourageront surtout ses efforts. Ils se montreront confiants dans l'amélioration possible de sa conduite et de ses performances.

e) Les éducateurs devront faire montre d'une saine estime d'eux-mêmes. Ils chercheront à être des modèles de respect d'eux-mêmes et de confiance en eux-mêmes. L'enfant sera ainsi porté à imiter ses éducateurs et à apprendre d'eux l'estime de soi. L'exemple quotidien s'avère en effet le meilleur moyen pédagogique pour apprendre à l'enfant l'estime de soi.

L'efficacité des marques d'attention et d'affection pour l'acquisition de l'estime de soi

Pour cultiver l'estime de soi, l'école de l'Analyse transactionnelle accorde une grande importance aux marques d'attention et d'affection. Mais il ne faudrait pas croire que les marques d'attention ou d'affection ont un effet magique. Elles offrent sans doute des conditions propres à stimuler l'estime de soi. Pour qu'elles produisent leur effet, le récipiendaire, enfant ou adulte, devra en percevoir le sens, puis les accepter en lui et s'en nourrir.

Première condition : la personne doit percevoir la signification de la marque d'attention et d'affection. Celui qui la prodigue doit le faire avec conviction et sans ambiguïté. Que diriez-vous d'une poignée de main rapide faite du bout des doigts et sans chaleur?

Ensuite, le sujet qui reçoit les marques d'attention ou d'affection doit être ouvert pour les accepter. Trop de personnes se sentent incapables d'accueillir des compliments sans se mettre sur la défensive. Elles se montrent mal à l'aise; elles changent de sujet de conversation; elles s'attendent à ce qu'une critique négative suive le compliment. Plusieurs interprètent comme menaçants tout geste d'affection ou toute parole aimable.

En troisième lieu, pour qu'une marque d'attention ou d'affection produise son effet stimulant sur l'estime de soi de quelqu'un, celui-ci doit pouvoir s'en nourrir, c'est-à-dire se laisser toucher par elle, l'ajouter à ses expériences heureuses et s'en souvenir dans les moments pénibles.

Voyons maintenant plus concrètement quelles marques d'attention ou d'affection sont susceptibles de favoriser chez toute personne l'estime de soi tant pour sa personne que pour ses aptitudes.

Les marques d'attention et d'affection susceptibles de produire l'estime de soi pour sa personne

> *Se sentir soi-même justifié d'exister,*
> *tel est le sommet de la joie que procure l'amour,*
> *pour peu qu'il soit réel.*
> Jean-Paul Sartre

Voici maintenant les marques gratuites d'attention et d'affection qui soutiennent l'estime de soi pour sa personne. Elles le feront à condition que ceux ou celles qui en sont l'objet apprennent à les accepter et à en profiter comme d'une « banque de caresses ».

Les marques d'attention gratuites ou inconditionnelles

Des marques d'attention gratuites, telles une parole aimable, un geste d'hospitalité, une attitude réjouie, etc., suscitent une réaction agréable. La personne qui les reçoit se sent reconnue, appréciée, valorisée, voire aimée. À l'arrivée ou au départ, une salutation, une poignée de main, un sourire, une tape sur l'épaule, une attitude accueillante sont tous des gestes de nature à créer de la joie et du réconfort. Le récipiendaire se dira : « Je suis reçu et accueilli, j'ai donc de la valeur et de l'importance à ses yeux. »

Un texte de Louis Évely compare l'effet de ces attitudes et gestes aimables à une résurrection :

Ne vous a-t-on jamais ressuscité?
Personne ne vous a-t-il jamais parlé, pardonné,
aimé assez pour vous ressusciter?
N'avez-vous jamais assisté à des résurrections?
N'avez-vous jamais ressuscité personne?
Avez-vous expérimenté la puissance de vie qui jaillit
dans un sourire, dans un pardon, dans un accueil?

L'attention et l'écoute des émotions et sentiments

La façon de s'adresser à une personne et de l'écouter augmente grandement l'estime d'elle-même pour sa personne. Une mère demandait à un psychologue si elle devait commencer à parler à son bébé de deux mois. « Vous avez six mois de retard », lui répondit-il. Le simple fait de parler à une personne démontre l'intérêt qu'on lui porte. L'écouter et tenir compte de ses émotions lui signifient qu'on accepte et qu'on respecte son monde émotionnel. Elle se sentira non seulement écoutée, mais comprise et valorisée.

Même dans le cas où l'on doive réprimander ou discipliner quelqu'un, il importe de le faire en respectant son émotivité et en évitant de l'humilier. Bien sûr, les parents doivent parfois modérer l'exubérance de leur jeune, mais ils doivent toujours le faire de façon à ce qu'il se sente accepté dans son émotivité. Le respect de son

DE L'ESTIME DE SOI À L'ESTIME DU SOI

« senti » contribue à créer et à entretenir chez lui une saine estime de lui-même. Voici comment réprimander un enfant pour une incartade tout en lui reflétant l'acceptation de son émotivité : « Je reconnais que tu es fâché contre ta sœur, mais je t'interdis de la frapper comme tu l'as fait. »

Les célébrations des anniversaires et des passages de la vie

Les fêtes, lors d'anniversaires de naissance et de passages significatifs de la vie, encouragent l'estime de soi. La célébration d'un anniversaire s'adresse à la personne elle-même. Elle ne vise pas à récompenser une bonne conduite. J'ai rencontré des parents qui punissaient leur enfant indiscipliné en lui refusant son gâteau d'anniversaire et son cadeau. Ils n'avaient pas du tout compris le sens d'une fête-anniversaire!

Les transitions de la vie qui sont les plus significatives pour l'estime de soi pour sa personne sont celles de la puberté et du mitan de la vie. Je rencontre beaucoup de clients qui n'ont pas été fêtés lors de leur graduation, d'une promotion ou d'un départ. Ils en portent un souvenir douloureux.

Les marques d'affection

Exprimer son affection à un jeune par le toucher, surtout quand le geste est accompagné d'une bonne parole, favorise l'acquisition de l'amour de soi. Les premiers soins, la toilette, les repas, le bercement de l'enfant concourent non seulement à son bien-être mais le rassurent et le valorisent dans son être. Les névroses qui affligent plusieurs patients proviennent de l'absence de ces premières marques de tendresse. La pire maladresse que les parent peuvent commettre, c'est de profiter des moments privilégiés de soins donnés à l'enfant (les repas ou le bain, par exemple) pour le gronder ou le punir pour des comportements inappropriés qu'il a eus au cours de la journée.

Les gestes d'affection — baisers, embrassades et câlins — prodigués avec générosité cultivent chez l'enfant l'amour de lui-même. Ils suscitent chez lui la réflexion : « Les autres me manifestent leur amour; j'en conclus donc que je suis aimé et aimable. » Par ailleurs, les marques d'affection données seulement à l'enfant ou à l'adulte lorsqu'il est obéissant, propre ou travailleur lui feront penser : « C'est seulement quand je suis sage que j'ai le droit de me sentir réellement aimable et aimé. »

Malheureusement, certains parents manifestent une fausse pudeur et une gêne à exprimer leur affection par le toucher. On le constate en particulier chez les pères, plus ou moins consciemment obsédés par le tabou de l'inceste. Ils privent ainsi leurs garçons et leurs filles de marques d'affection normales. Certaines mères refoulent elles aussi leur désir de démontrer leur affection, surtout à leur fils. En rapportant avec trop d'insistance les plaintes pour inceste ou les cas d'attouchements, les médias ont contribué à créer un climat de suspicion. Ce sont les enfants qui, en fin de compte, en paient le prix; ils se trouvent privés des contacts tendres, chaleureux et bienfaisants des adultes.

On se souviendra toutefois que les marques d'attention et d'affection seront toujours interprétées à bon ou à mauvais escient par les personnes qui en font l'objet. Elles auront été données pour favoriser une plus grande estime de soi mais, hélas, personne n'a de contrôle sur l'interprétation qu'on peut en faire. C'est là le mystère de la liberté de chacun!

(Voir les stratégies « Être capable de donner des marques d'attention et d'affection »; « Être capable de recevoir des marques d'attention et d'affection ».)

Comment s'acquiert et se maintient l'estime de soi pour ses aptitudes

Les marques d'attention pour les performances et la créativité

Ce qui nourrit chez le jeune ou l'adulte le sentiment de sa compétence, c'est l'attention qu'on prête à son comportement, c'est-à-dire à sa performance scolaire, à son travail, à son initiative et à sa créativité. L'attention des responsables stimule et encourage le jeune. De plus, elle a comme effet d'améliorer son rendement et sa conduite. Plus forte que les récompenses d'ordre matériel, une simple remarque faite en passant telle que : « Je constate que tu as fait ton devoir » ou « Je vois que ton travail est bien fait! » stimule sa fierté et l'encourage à continuer dans le même sens. Par malheur, beaucoup trop d'éducateurs et de patrons ne croient pas tellement ou ne font pas confiance à l'effet bienfaisant des paroles et des gestes d'admiration.

Trop de parents et de leaders d'entreprises se contentent de récompenser le travail bien fait avec de l'argent. J'ai vu des parents aller jusqu'à payer leurs enfants pour qu'ils s'acquittent de leurs tâches domestiques et scolaires. Ils les privent ainsi de la fierté d'un devoir accompli dignement. Les récompenses matérielles ne peuvent pas remplacer l'admiration et l'attention portées aux actions et aux réalisations. Ne jamais reconnaître la performance d'un membre de la famille le démotive peu à peu. Il se décourage alors, se désintéresse, néglige son travail et finit par se croire un étranger salarié dans sa propre maison.

Éviter d'encourager les inconduites

Bien des éducateurs ne s'aperçoivent pas que leurs remarques à base d'interdits ont comme effet de renforcer l'indiscipline. Je l'ai appris à mes dépens lorsque j'étais professeur. J'avais tendance à accorder beaucoup d'attention aux écoliers indisciplinés; or, sans le vouloir, je les encourageais dans leur indiscipline. Par l'attention que je leur portais, je les mettais en valeur. J'aurais plutôt dû noter leurs moindres progrès dans leur conduite et ne pas faire cas de leurs petites incartades.

De même, il est important de formuler les directives dans un langage positif. Ainsi, on dira « Gardez le silence! » et non « Ne parlez pas! » La formulation négative incite justement à faire ce qui est interdit. En effet, l'imagination ne perçoit pas la négation. Si je vous dis de ne pas penser à la couleur « rouge », vous allez tout de suite voir apparaître en votre esprit la couleur rouge, et cela avant même d'avoir pu obéir à l'interdit. Vous aurez alors beaucoup de mal à vous débarrasser de cette sensation. Je devrais plutôt dire « Pensez au vert! » si je ne veux pas que mes auditeurs voient du rouge.

La manière de faire des compliments

Savoir offrir à quelqu'un des félicitations et des remerciements favorise chez lui l'estime de son comportement. On doit toutefois éviter les compliments évaluatifs et surfaits tels que « Tu es génial », « Tu es un ange », de même que les remarques comparatives : « Tu es plus sage que ton frère. » De tels messages créent plus de stress qu'autre chose. On veillera par ailleurs à formuler ses messages en « je » : « Je suis fier de ton travail » ou « Je suis heureuse que tu aies réussi! » Ces compliments évitent d'exercer une pression trop lourde sur le récipiendaire.

Une autre manière très délicate de faire des compliments consiste à utiliser des paroles qui reflètent la joie de l'enfant : « Tu es heureux d'avoir réussi » ou « Tu es satisfait d'avoir gagné! » Refléter les sentiments, c'est célébrer une réussite.

Exposer l'enfant à une variété d'activités

Le film québécois *Les vrais perdants* met en scène des enfants au service de l'ambition de leurs parents. On y voit d'abord une petite fille de talent modeste pratiquer le piano avec soumission pour la gloire de sa maman, puis un petit garçon s'évertuer à manier le bâton de hockey pour satisfaire l'orgueil sportif du père. Au lieu de choisir pour l'enfant, il est nécessaire de présenter à l'enfant toute une gamme d'activités pour qu'il en choisisse une ou deux à son goût. En revanche, dans le cas où les débuts s'avèrent difficiles, il est important d'exiger de l'enfant qu'il persévère dans son choix au moins quatre ou cinq mois.

Développer le sens de l'initiative et de la créativité

Dans *Winning at Parenting*[8], Barbara Coloroso préconise de tenir la conduite suivante dans le cas où un enfant commet une faute : d'abord lui faire prendre conscience de sa faute ou de son erreur; lui demander ensuite de trouver lui-même une solution à son problème et de la décrire; puis, discuter avec l'enfant de la faisabilité de son nouveau plan. Cette méthode développe l'initiative de l'enfant, son savoir-faire, sa responsabilité et, éventuellement, sa prudence.

Attention, ne pas mélanger!

Il est important de ne pas confondre les marques d'attention et les marques d'affection pour qu'elles atteignent leur objectif respectif, soit l'estime de soi pour la personne, soit l'estime de soi pour ses aptitudes. La présence à l'autre, les mots de tendresse, l'écoute de ses émotions, les baisers, les embrassades promeuvent l'estime de soi pour la personne. Par ailleurs, les marques d'admiration pour quelqu'un, la reconnaissance des réalisations, les compliments, les remerciements, les félicitations et l'offrande de cadeaux s'emploient pour susciter la confiance en soi quant à ses aptitudes.

Qu'est-ce qui se passe si l'on s'avise de confondre les deux et d'utiliser les marques d'affection à la place de marques d'attention? On risque d'être mal compris. Prenons comme exemple une mère de famille qui embrasserait son enfant seulement quand il accomplit des tâches domestiques. Celui-ci en déduirait : « Je suis aimé ou je me sens aimable seulement quand je "fais" des choses pour les autres. » Il aura la conviction d'être aimable, mais pour de fausses raisons. Il s'exténuera donc à travailler beaucoup pour mériter d'être aimé ou de se sentir aimé. Les marques d'affection ne se gagnent pas, elles ne se méritent pas, elles sont gratuites.

---

8   B. Coloroso, *Winning at Parenting… Without Beating Your Kids*, Littleton, Colorado, Kids Are Worth It, Inc., 1989, 2 cassettes.

Un autre exemple fréquent de détournement se retrouve chez certains couples. Il arrive qu'un conjoint utilise les relations intimes pour récompenser l'autre de ses performances à la maison ou au travail. Une telle manœuvre détourne les relations sexuelles de leur fin. Elles ne sont alors plus l'expression de l'amour conjugal, mais une simple récompense.

Le risque est grand que celui ou celle à qui on donnerait des marques d'admiration ou d'attention plutôt que des marques d'affection se sente frustré et en colère de ne pas se sentir aimé pour sa personne. En thérapie, plusieurs adultes se plaignent d'avoir manqué d'affection. Ils expriment, par exemple, leur aigreur de ne pas avoir été embrassés par leurs parents, mais seulement louangés pour leur application à l'étude, leur conduite impeccable et leur rendement au travail. L'un d'eux me confiait que, dans sa jeunesse, sa mère le considérait comme « un chien savant ». Combien d'hommes et de femmes qui, faute d'avoir été aimés pour ce qu'ils étaient, ont ruiné leur carrière en s'adonnant à la boulimie, à des abus sexuels, à la drogue ou à la consommation excessive d'alcool! Toutes ces manœuvres, qui dénotent une grande immaturité, ont pour but de satisfaire maladroitement un besoin frustré d'être aimé.

En conclusion, retenons que les marques d'affection sont de nature à augmenter l'amour de soi, tandis que les marques d'attention développent la confiance en ses aptitudes. L'équilibre des deux types de manifestations est indispensable pour permettre à une personne d'acquérir la maturité.

Cinquième chapitre

L'affirmation de soi

Tout ce qui ne s'exprime pas
s'imprime.
Origène

Qu'est-ce que l'affirmation de soi?

On confond souvent l'estime de soi, qui relève de l'intériorité, et l'affirmation de soi, qui en est l'expression. J'ai cru nécessaire d'écrire un chapitre sur l'affirmation de soi, pour la simple raison qu'elle requiert des habiletés sociales spéciales. L'affirmation de soi consiste à extérioriser son monde intérieur, celui de ses images, de son dialogue intime, de son « senti », de ses pensées, de ses besoins et de ses valeurs, de ses aspirations spirituelles, etc. Pour exprimer la différence, on peut emprunter le langage de la Programmation neurolinguistique et dire que l'estime de soi constitue un mini-programme intérieur, tandis que l'affirmation de soi correspond à un macro-programme extérieur et utilise des comportements verbaux et non verbaux : paroles, intonations, physionomie, posture, attitudes, gestuelle, façon de se vêtir, etc.

Cela dit, il importe de préciser qu'on ne peut pas isoler le phénomène de l'affirmation de la dynamique de la communication en général dont il constitue un élément.

Le cycle de la communication

Émetteur	Recepteur
L'émetteur envoie un message (affirmation de soi)	→ Le recepteur le perçoit à sa manière (écoute sélective)
	↓
La communication recommence	Il l'interprète selon son estime de soi
↑	↓
L'émetteur reçoit le message du recepteur et l'interprète selon son estime de soi	← Il réagit verbalement ou non verbalement (affirmation de soi)

L'affirmation de soi fait donc partie d'un échange constant avec un ou des auditeurs qui réagissent à son message. Le processus se continue. Les réactions du recepteur provoquent une nouvelle réaction du côté de l'émetteur et une nouvelle affirmation de lui-même. C'est le sens de la phrase de Camus : « Pour mieux se connaître, on doit s'affirmer davantage. » En s'affirmant, on se connaît mieux d'abord grâce aux réactions d'autrui, puis grâce à ses propres réactions.

(Voir la stratégie : « Relever avec intégrité les défis de l'affirmation de soi ».)

La difficulté de s'affirmer

La difficulté de s'affirmer provient de causes multiples : manque de modèles dans la famille, injonctions de se taire reçues dès l'enfance, sentiment d'impuissance, timidité exagérée, milieu non réceptif ou même hostile, incapacité de se dire ou d'exprimer ses sentiments, peur d'être jugé, discrétion exagérée, etc. Par contre, tous ces handicaps à l'expression de soi peuvent être corrigés par un apprentissage adéquat. C'est pourquoi il n'y a pas lieu de se décourager devant les difficultés qu'on peut éprouver à s'affirmer. Même si les tests de personnalité classifient les gens en catégories stéréotypées d'introvertis et d'extravertis, ils ne condamnent pas les introvertis à demeurer des handicapés de l'expression. En effet, l'affirmation de soi tient d'un art qui s'apprend et se développe, au même titre que l'estime de soi.

Ce que n'est pas l'affirmation de soi

De fausses conceptions de l'affirmation de soi sont souvent véhiculées. Certains ateliers consacrés à l'expression de soi ont pu contribuer à les propager. Ainsi, des animateurs incitent parfois les participants à vaincre leur timidité en leur faisant faire des gestes agressifs et pousser des cris en public. L'affirmation de soi ne doit pas être assimilée à une catharsis émotionnelle, à une expression incohérente et irréfléchie de sa personne. Au contraire, une affirmation correcte de soi demande de se montrer le plus cohérent et le plus honnête possible avec son vécu, tout en tenant compte du contexte social. On n'aura pas le même ton et les mêmes attitudes selon qu'on s'adresse à un enfant ou qu'on discute d'un point chaud avec son adversaire.

Quelles formes d'expression prend l'affirmation de soi?

Soigner son apparence physique

On concevrait mal qu'une personne se dise sûre d'elle-même et qu'en même temps elle se tienne la tête basse, ait le regard fuyant, le dos courbé, la poitrine en creux, la respiration haletante et la posture chancelante. Une telle apparence physique trahirait un grave manque d'assurance. Celui qui s'affirme affiche une bonne contenance : posture droite, tête bien posée sur les épaules, allure détendue, respiration calme doublée d'une voix ferme et des pieds solidement posés au sol. On a dit que l'intérieur influence l'extérieur; l'opposé est également vrai : adopter un maintien correct, un regard expressif, une voix ferme et une attitude détendue contribue à se sentir plus confiant.

La mode exerce une énorme pression sociale, surtout sur ceux et celles qui ne se croient pas beaux et s'imaginent peu doués. Je pense en particulier aux jeunes qui se sentent souvent terrorisés à l'idée de ne pas porter des vêtements griffés. Ils se sentent à part du groupe; ils ont l'impression d'être en train de rater leur vie. Si on ne doit pas bouder la mode, on ne doit pas non plus en être esclave. Elle ne remplacera jamais les qualités morales telles la spontanéité, la simplicité, l'ouverture et l'honnêteté.

(Voir la stratégie « Améliorer l'estime de soi par le soin du corps ».)

Manifester son droit d'exister

S'affirmer, c'est d'abord manifester son droit d'exister. Personne d'autre que soi-même ne saurait défendre ses droits inviolables. C'est ce que Maurice Zundel appelle l'« inviolabilité de la conscience ». S'affirmer, c'est encore manifester sa présence en société. Les timides cherchent au contraire à se faire oublier en disparaissant, pour ainsi dire, dans le papier-peint ou la couleur des murs.

C'est le cas d'un collègue prêtre qui demeurait silencieux dans nos rencontres de groupe. Je lui ai demandé la raison de son mutisme. Il m'a répondu qu'il ne se sentait guère important parmi ses collègues, et que ses idées ne valaient pas la peine d'être exprimées. Il préférait donc se taire et passer inaperçu. J'ai voulu en savoir plus long sur son silence. Il me confia que ses parents lui avaient interdit dès son jeune âge de parler en compagnie des adultes. Cet interdit, qu'il avait occulté, l'avait poursuivi jusqu'à l'âge adulte. À mon invitation, il décida qu'il allait dorénavant s'exprimer. Il s'est entraîné à poser des questions, à faire de courtes interventions et à émettre son opinion. Il a pu ainsi acquérir de l'assurance et oser partager ses idées en groupe.

Demander ce dont on a besoin

Chaque personne est seule à connaître ses besoins quotidiens et ses aspirations profondes. Mais plusieurs personnes n'osent pas les exprimer, souvent par peur du refus et du rejet. En conséquence, elles n'osent rien demander.

Un des traits caractéristiques de l'affirmation de soi, c'est la capacité de demander. Je fus un jour très étonné de l'attitude d'un ami juif de New York. Il ne cessait de faire des demandes à de purs inconnus. Il prenait plaisir à s'enquérir de l'heure auprès des passants, à quémander des passes à des gamins qui jouaient au ballon, et même à demander à un enfant de lui laisser lécher son cornet de crème glacée. Je lui ai dit que j'étais à la fois fasciné et sidéré par sa hardiesse. Il me répondit que les gens se sentaient honorés de lui accorder ce qu'il désirait. J'ai alors mieux compris la phrase de l'Évangile : « Demandez et l'on vous donnera; cherchez et vous trouverez; frappez et l'on vous ouvrira » (*Matthieu* 7, 7-8).

Beaucoup éprouvent de fortes résistances à faire des demandes. Ils ne s'autorisent donc pas à en faire ou, s'ils le font, c'est avec un extrême embarras. Ils appréhendent un refus; ils sont hantés par diverses peurs : peur du rejet, peur du ridicule, peur de l'impuissance, peur de l'humiliation, peur d'apparaître dépendant, peur d'avoir à rendre la pareille, etc. Ces mêmes peurs conduisent à employer des stratégies de demande inefficaces. Certains amoureux choisissent, par exemple, de se laisser deviner plutôt que de présenter directement leurs demandes, affirmant que des demandes trop franches détruiraient le climat romantique. Cette tactique est loin d'être efficace, surtout que le partenaire ne sait pas lire les pensées de l'autre.

D'autres font leurs demandes sous forme d'allusions, n'osant pas dévoiler directement leur désir, de peur d'essuyer un refus et de perdre la face. Ainsi, la conjointe qui a très envie d'aller voir un film se contentera de signaler à son conjoint tel grand film à l'affiche. Elle n'obtiendra pas toujours le résultat escompté. D'autres encore, au lieu d'exprimer clairement leur besoin, ont l'habitude de se plaindre espérant par là culpabiliser leurs proches. Ils leur laisseront entendre : « Tu ne vois pas combien je souffre! », leur demandant indirectement de l'aide. Enfin, il y a ceux qui, d'entrée de jeu, sabotent leur requête;

ils osent bien faire une demande, mais ils s'empressent du même coup de fournir à leur interlocuteur les raisons de la refuser : « C'est peut-être trop vous demander, sentez-vous à l'aise de refuser. » Et ces gens-là sont tout étonnés de se voir essuyer un refus presque à tout coup.

L'art de demander s'acquiert avec l'exercice. Il comporte aussi des conditions qui assurent sa réussite :

1) Bien préciser l'objet de sa demande;

2) Être convaincu du bien-fondé de la requête;

3) Faire sa demande avec passion pour obtenir ce que l'on veut;

4) Avant de présenter sa requête, étudier la personnalité du donneur éventuel et connaître ses habitudes. Par exemple, ne pas faire de demandes avant qu'il ait bu son café du matin;

5) Enfin, se montrer persévérant.

Les marques d'attention et d'affection font aussi l'objet de demandes. Alors qu'une étudiante subissait les critiques d'un professeur qui relevait uniquement les fautes de sa copie, elle lui demanda s'il ne pouvait pas la féliciter tout de même pour les parties bien faites de son travail. Par ailleurs, s'il est convenable de solliciter des marques d'attention et d'affection, il ne faut pas les exiger. Il faut toujours accorder à l'autre le droit de les refuser. C'est là une règle d'or dans la vie de couple. Lorsque l'un des partenaires exprime une demande à l'autre, il doit laisser à ce dernier toute la liberté d'y répondre à sa manière et quand il le voudra.

(Voir la stratégie « Acquérir l'habileté de demander ce dont on a besoin ».)

S'exercer à exprimer ses émotions et ses sentiments

Un jour, j'invitais un ami psychologue à faire une balade en canot. À ma grande surprise, il refusa d'un ton plutôt sec. Le lendemain, il m'avouait qu'il avait peur d'aller sur l'eau, mais qu'il aimerait cependant apprivoiser sa peur. J'ai admiré son humilité et son ouverture d'esprit. Il me confia plus tard qu'il s'exerçait à exprimer ses émotions, au risque d'être jugé trop sensible.

Plus que les femmes, les hommes éprouvent en général de la difficulté à exprimer certains sentiments et émotions tels que la tendresse, la douceur, la peur, la vulnérabilité et l'exubérance. Ce n'est pas qu'ils ne les ressentent pas intensément, mais ils estiment leur expression trop féminine. Ils préfèrent se retirer en silence dans leur caverne comme des seigneurs blessés par la vie. En revanche, les hommes se sentent souvent plus à l'aise pour manifester leur force, leur combativité, leur colère et leur fierté, émotions que les femmes ont d'ailleurs tendance à refouler.

La personne comblée d'une haute estime d'elle-même possède tout un répertoire d'émotions et de sentiments qu'elle apprend à manifester avec mesure. Une fois exprimés, ceux-ci créent dans l'intériorité un espace libre que les autres émotions et sentiments pourront occuper. Les émotions refoulées risquent en effet de nuire gravement à l'authenticité et, du même coup, de nuire à la santé et de gêner l'expression de l'intimité.

(On pourrait revoir les stratégies suivantes : « Écouter les messages de son corps », « Reconnaître ses états émotionnels et leurs messages », « Passer à l'action à partir des émotions et des sentiments ».)

Savoir négocier

La négociation est le sommet de l'art de l'affirmation. Quand une demande est formulée clairement et que l'interlocuteur s'y oppose en proposant une autre demande aussi claire, il faudra négocier. La négociation commence au moment où les deux partenaires prennent le temps d'exprimer leurs besoins et d'en discuter. Aucun conflit de besoins ne peut être résolu, tant et aussi longtemps que deux personnes honnêtes ne cherchent pas sincèrement à le résoudre. L'art de la négociation exige des intéressés qu'ils se mettent d'accord pour en sortir tous deux gagnants. La négociation est impossible quand l'un des partis veut absolument prouver qu'il a raison et que l'autre a tort.

(Voir les stratégies suivantes : « Négocier lors d'un conflit de besoins », « Gérer les conflits de valeurs », « Interpeller autrui dans une situation délictueuse ».)

Apprendre à accepter des marques d'attention et d'affection

Recevoir, c'est *se donner,* dit la sentence. Avez-vous déjà rencontré une personne qui refuse de recevoir tout remerciement, compliment ou caresse, ou qui cherche à en atténuer la portée? Elle se montre allergique à toute marque d'attention ou d'affection. Comment expliquer une telle attitude? Ces personnes souffrent souvent d'une pauvre estime d'elles-mêmes. Elles se croient indignes de ces louanges et doutent de la sincérité du donneur. Moi-même, dans le passé, j'avais l'habitude de ne pas goûter suffisamment les félicitations, les remerciements ou les marques de tendresse. Était-ce de la gêne, de la pudeur ou de l'indépendance mal placée? Toutes des manifestations de mésestime de moi! Aujourd'hui, je m'applique à accueillir en moi et à savourer les marques d'attention et d'affection. Cela contribue à enrichir « ma banque caresses » et à fortifier mon estime de moi-même.

(Voir la stratégie « Être capable de recevoir des marques d'attention et d'affection ».)

Se donner le droit de refuser des marques d'attention et d'affection

Marquer son désaccord avec autrui, c'est une façon de le respecter. Certaines marques d'attention et d'affection rendent le récipiendaire mal à l'aise. Celui-ci a perçu chez le donneur un manque de sincérité, parce qu'il fait semblant, parce qu'il veut plaire à tout prix ou encore qu'il compte obtenir des faveurs en retour. Devant une telle situation, une personne doit tout simplement exercer son droit de refuser les marques d'attention ou d'affection ou de faire sentir qu'elle n'est pas dupe.

S'autoriser à dire « non » quand il y a lieu de le faire est une façon de protéger sa propre liberté. À mesure que le jeune grandit, il sent le besoin de prendre sa place et de préserver son autonomie. Les parents ne se rendent pas toujours compte qu'ils ont de moins en moins d'emprise sur lui. D'ailleurs, l'enfant n'a pas à répondre toujours à leurs attentes. Avec admiration j'ai entendu un enfant dire à sa mère qui insistait pour qu'il mange sa soupe : « Je suis sûr que ta soupe est bonne et que tu l'as faite avec amour pour moi, mais je n'ai plus faim. »

Par contre, les parents aussi ont l'obligation de « couper le cordon ombilical ». Ils doivent surtout le faire avec les jeunes adultes qui retournent à la maison après une tentative ratée d'émancipation. Dans le cas d'un besoin urgent, les parents font bien de dépanner leur enfant, mais à condition de négocier avec lui la durée de son séjour et son départ éventuel. Qu'on soit parent ou enfant, se refuser à maintenir une relation fusionnelle exige beaucoup de courage si on ne veut pas céder au sentiment de culpabilité.

Chaque fois qu'on dit « oui » à quelqu'un alors qu'on a envie de lui dire « non », c'est soi-même qu'on renie. Notre recueil d'exercices présente une stratégie permettant de refuser avec élégance tout en conservant intacte sa relation avec le demandeur. En voici les grandes étapes : on écoute la demande, puis on la reformule pour voir si on a bien compris; on donne les raisons qui empêchent d'accepter; enfin, dans la mesure du possible, on offre de poser un geste compensatoire.

(Revoir la stratégie « Être capable de donner des marques d'attention et d'affection ». Voir la stratégie : « S'exercer à refuser avec courtoisie ».)

Savoir s'exprimer en public

Combien d'étudiants brillants ne s'autorisent pas à poser des questions en classe? Ils auraient pourtant besoin d'éclaircissements, mais ils préfèrent se taire. Est-ce par peur de passer pour ignorant ou de paraître ridicule, par crainte de déranger la classe ou le professeur, à cause d'un sentiment d'infériorité?

Des statistiques sur les peurs les plus fréquentes révèlent que certains « préféreraient mourir » plutôt que de s'exprimer en public. Le vertige s'empare souvent des novices en la matière à la vue de tous ces regards braqués sur eux et de toutes ces oreilles tendues vers eux. Ils perdent alors contenance, s'imaginant entendre les commentaires sévères de leurs interlocuteurs. Bref, ils se font peur à eux-mêmes.

Apprivoiser sa peur de parler en public requiert une puissante affirmation de soi. Mais c'est possible! Il existe des moyens de surmonter le trac. Nous les décrivons dans le recueil *Stratégies pour développer l'estime de soi et l'estime du Soi*. Et une fois qu'on a eu le courage de « passer la rampe », on éprouve une immense satisfaction de soi.

(Voir la stratégie « Parler en public avec aisance ».)

Sixième chapitre

L'estime de soi et les relations avec les autres

Qui aimes-tu le plus?

La reine Malika et le Roi Kosala étaient des contemporains de Bouddha. La reine s'était récemment convertie au bouddhisme. Le roi ne l'avait pas fait. Cependant, il respectait les convictions religieuses de son épouse. Or, au cours d'une soirée très romantique, le roi se pencha sur la reine, la regarda tendrement et lui demanda : « Qui aimes-tu le plus au monde? » Il s'attendait à ce que la reine lui dise : « C'est toi! » La reine répondit plutôt : « Eh bien, c'est moi que j'aime le plus au monde. » Surpris de cette réponse, le roi réfléchit un moment et il lui dit : « Je dois t'avouer que c'est moi aussi que j'aime le plus au monde. » Restés quelque peu consternés par l'allure de leur conversation, ils allèrent consulter Bouddha pour se faire éclairer.

Bouddha les félicita de s'être posé une question aussi importante. Il leur déclara qu'en fait chacun s'aime lui-même le plus au monde. Il ajouta : « Si vous comprenez cette vérité, vous cesserez de vous manipuler l'un l'autre ou de vous exploiter. Si vous pratiquez l'amour de vous-même, la compétition entre vous n'aura plus sa place. Vous n'aurez pas à défendre votre valeur personnelle et, par le fait même, il n'y aura pas lieu de vous disputer. Si vous vous aimez vous-même, vous vous libérerez du piège d'exiger que les autres vous aiment.

« Pour ma part, j'ai besoin de l'amour des autres, mais je ne peux pas le commander. Si mon besoin d'amour n'est pas comblé par les autres, je m'assure de pouvoir m'aimer moi-même. Ainsi, je laisse les autres libres de me donner ou non leur amour. »

Bouddha poursuivit ainsi son enseignement : « Pour atteindre cet idéal d'estime de vous-même, vous devrez abandonner l'idée de vous croire meilleur ou inférieur aux autres ou même leur égal. Quel choix vous reste-t-il si vous n'êtes ni supérieur, ni inférieur, ni égal? L'idéal est de rester vous-même. Si vous êtes vous-même sans chercher à vous comparer aux autres gens, vous aurez le loisir d'entretenir avec eux une parfaite communion. »

Légende indoue

Le lien entre l'amour de soi et l'amour des autres est un fait bien établi. On ne peut aimer les autres si on ne s'aime pas soi-même. Cependant, on oppose souvent ces deux réalités, comme si elles étaient incompatibles. L'amour de soi empêcherait, dit-on, d'aimer autrui. L'estime de soi, au dire de quelques personnes ignorantes de sa vraie nature, ne serait rien d'autre que de l'individualisme, du nombrilisme et même de l'égoïsme. Cette erreur est fréquente dans certains milieux d'éducation et de formation spirituelle. Or, au contraire, plus on s'estime réellement, plus on estimera les autres; plus on se mésestime, plus on aura tendance à mésestimer les autres.

La règle d'or

La légende bouddhique rapportée plus haut fait écho à la règle d'or énoncée dans la Bible : « Aime ton prochain comme toi-même. » Cette formulation positive a son pendant négatif : « Ne fais pas aux autres ce que tu ne veux pas qu'on te fasse. » Étrange paradoxe, l'amour d'autrui prend sa source dans l'amour de soi et en est la mesure. Le véritable amour de soi commande l'amour d'autrui.

Le commentaire du grand théologien Thomas d'Aquin sur la règle d'or affirme clairement la priorité de l'amour de soi sur l'amour de l'autre. Commentant la phrase de l'Évangile « Tu aimeras ton prochain comme toi-même » (*Matthieu* 22, 39), saint Thomas écrit : « L'amour de soi, étant le modèle de l'amour des autres, l'emporte sur ce dernier comme principe » (IIa, Q 26, art. 4). Tout véritable amour des autres prend son origine et tire son principe dans l'amour de soi. Le précepte évangélique n'a rien perdu de son actualité.

Conséquences sociales désastreuses de la mésestime de soi

La mésestime de soi engendre des comportements antisociaux tels que le manque de confiance dans les autres, une attitude défensive, un penchant pour l'isolement, une dépendance excessive vis-à-vis des autres et une tendance à manipuler les autres. Sans amour de soi, l'amour des autres butte sur des obstacles insurmontables. A fortiori, le pardon, don parfait d'un amour blessé, devient impossible si on néglige de s'aimer soi-même, si on ne va pas jusqu'à soigner sa propre blessure.

Manque de confiance dans les autres

Groucho Max, comédien américain, se plaisait à répéter à son sujet la plaisanterie suivante : « Je ne ferais pas confiance à un club qui m'accepterait comme un de ses membres. » Une personne qui n'accorde pas la priorité à l'amour d'elle-même se perçoit indigne de tout amour. Elle doute de la sincérité de ceux qui lui prodiguent des marques d'attention et d'affection. Si elle va jusqu'à se détester elle-même, elle s'attendra même à subir des humiliations et des rejets.

Un homme dont l'épouse refusait systématiquement de sa part les compliments ou les caresses confiait au thérapeute conjugal : « Elle dit avoir besoin de considération et d'amour, mais quand je lui en donne, elle les rejette. » Assez paradoxalement, cette femme se plaignait à tort que son mari « flirtait » avec les autres femmes et qu'elle ne se sentait pas appréciée par lui. De plus, elle se montrait très jalouse dès que d'autres recevaient des marques d'attention et d'affection. Son manque d'estime d'elle-même l'empêchait d'accueillir l'affection et l'admiration de son époux et de s'en nourrir.

Beaucoup de personnes à basse estime d'elles-mêmes vivent sans cesse en contradiction avec elles-mêmes. Elles ressentent un besoin d'attention et de tendresse, mais elles ne se sentent pas prêtes à les accueillir. Pourquoi? Parce qu'elles se méprisent elles-mêmes. C'est comme si elles se laissaient mourir de soif tout à côté d'une source.

Pire encore, certains iront jusqu'à vivre avec un ou une partenaire qui les abandonnera ou les rejettera éventuellement. S'ils ont la possibilité de réussir leur vie amoureuse, ils feront tout pour la saboter. Ils exigeront d'être constamment rassurés; ils s'attacheront d'une façon fusionnelle à leur amoureux; ils se montreront tour à tour soumis ou dominants; ils rejetteront leur partenaire avant que celui-ci n'ait même songé à le faire.

Tendance à se défendre contre les autres et à s'isoler

Le sentiment exacerbé de ses faiblesses et la dépréciation de soi-même engendrent chez une personne une peur démesurée que ses faiblesses soient découvertes. Elle adoptera en conséquence une attitude défensive. Pas question d'avouer ses limites ou de laisser paraître le moindre défaut. Elle essaie de cacher ses erreurs et ses fragilités. Très susceptible, puis agressive, elle préfère s'isoler au lieu de prendre le risque de se révéler sous son vrai visage.

Ainsi, des personnes ayant une basse estime d'elles-mêmes affichent une indépendance rigide. Elles craignent toute forme de dépendance des autres. À cette fin, elles évitent d'avoir le moindre contact avec autrui et se barricadent dans leur tour d'ivoire. D'autres s'évadent de leur isolement en se créant des paradis artificiels tels les excès de nourriture, de boissons alcoolisées ou de drogue.

La dépendance excessive

Le manque d'estime de soi produit aussi l'envers de l'indépendance, à savoir une forte dépendance affective chronique. Ces personnes ont besoin de s'accrocher à quelqu'un, de tomber constamment amoureuses et de forcer l'intimité de l'autre. Elles sont incapables d'assumer leur solitude. En vérité, elles n'ont aucune relation vraie, aucune amitié authentique. Elles ne font que se fondre dans leurs relations sociales pour éviter d'être seules.

La manipulation des autres par faiblesse
ou par esprit de domination

L'énergie de soi reste emprisonnée
aussi longtemps que les gens se concentrent sur les autres
comme responsables de leur problème et de leur solution.

Shakti Gwain

L'ouvrage bien connu d'Éric Berne *Des jeux et des hommes* décrit très bien les manipulations exercées par ceux et celles qui ne s'estiment pas et qui n'ont pas confiance en eux-mêmes. Ces manipulateurs sont de deux types : passifs ou actifs. Les premiers prennent l'allure de gens faibles et de victimes; les seconds se définissent comme forts et puissants, capables de « sauver » les autres. La dynamique relationnelle en jeu a la forme d'un triangle appelé Karpman, du nom de son créateur.

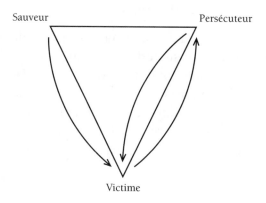

Sauveur   Persécuteur

Victime

Cette dynamique sociale courante s'avère souvent destructrice pour les personnes concernées. Le sauveur devient la victime de celui qu'il désirait pourtant secourir. Puis, assez paradoxalement, il finit par persécuter la victime qu'il désirait sauver. Voici une description succincte de ce type de relations malsaines.

Les manipulateurs passifs se présentent comme d'éternelles victimes qui ne font pas confiance à leurs talents et à leurs capacités. Ils s'organisent pour se placer dans des situations impossibles d'où ils crient au secours, attirant ainsi l'attention des sauveurs qui en ont pitié. Ils sont des puits sans fond. Ils sollicitent de l'aide dans les domaines surtout où ils sont les seuls à pouvoir s'aider. Ils font des demandes impossibles : « Aide-moi à m'estimer! » ou « Fais en sorte que je sois heureux! »

Les manipulateurs actifs ou les prétendus sauveurs ne veulent voir ni leurs faiblesses ni leurs limites. Ils affichent une fausse image de force et de confiance. Pour se valoriser, ils essaient de secourir d'une façon compulsive les présumées « victimes ». Ils se rendent dépendants de la dépendance des autres et finissent par s'épuiser à ce jeu. À bout de forces et d'énergie, ils en veulent aux manipulateurs passifs, les accablent de reproches, voire les persécutent.

Effets sociaux heureux de l'estime de soi

L'estime de soi permet d'entretenir des relations sociales authentiques

La personne qui jouit d'une véritable estime d'elle-même n'a pas besoin de recourir à des subterfuges visant à dissimuler sa pensée, ses sentiments, ses intentions et ses valeurs. Elle les exprime de la façon la plus authentique et la plus honnête possible. Elle s'exerce à la transparence, même dans les événements quotidiens les plus banals. Elle évite les demi-vérités, les cachotteries, les mensonges blancs, les façades artificielles et les jeux de vanité.

Au cours d'un atelier sur l'estime de soi, à l'occasion d'un exercice d'intégrité, les participants devaient répondre à la question : « Si j'avais dix pour cent de plus d'honnêteté dans ma vie, qu'est-ce que je dirais ou ferais? » Voici un échantillonnage des réponses recueillies :

- Je dirais ouvertement à quelqu'un qu'il m'agace et m'importune.

- Je dirais la vérité à mon mari sur mes petites dépenses.

- Je ne rirais pas des plaisanteries que je trouve ridicules ou racistes.

- Je dirais toute la vérité sur les produits que je vends.

- Je dirais « non » quand j'ai envie de dire « non ».

- Je m'excuserais de mes fautes au lieu de chercher à me défendre.

- Je ne cacherais pas ma frustration comme je le fais si souvent.

- Je n'aurais pas peur de faire amende honorable après avoir blessé quelqu'un.

- Je ne me cacherais pas quand j'ai de la peine.

- J'admettrais plus facilement mes faiblesses.

- Je ne prétendrais pas avoir des nouvelles à annoncer quand je n'en ai pas.

- La jalousie ne m'empêcherait pas d'adresser des compliments.

La personne qui désire augmenter l'estime d'elle-même surmonte la peur de se révéler telle qu'elle est. Elle se montre plus honnête et transparente à son entourage.

L'estime de soi permet de jouir d'une solitude habitée

Être là dans l'attention à l'autre tout en gardant une distance, un espace, car moins on se laisse happer par l'autre plus on l'entend.

Michèle Salamagne

Celui qui jouit d'une haute estime de soi sait reconnaître la différence entre l'isolement et la solitude. L'isolement, c'est la fermeture aux autres par peur de se sentir envahi; la solitude, un retrait stratégique de la vie sociale pour être davantage présent à soi-même. L'isolement consiste à développer un système de protection inspiré par la peur des autres; la solitude permet de vivre la paix intérieure. L'isolement repose sur la peur de sa vulnérabilité; la solitude accepte la vulnérabilité et l'intimité avec soi-même.

La solitude, aussi paradoxal que cela puisse paraître, favorise une qualité supérieure de présence à autrui. Le sentiment de plénitude et de paix qu'une personne y aura éprouvé la rendra plus susceptible de se montrer aimable envers les autres.

L'estime de soi permet de jouir d'une autonomie bienfaisante dans ses relations sociales

L'estime de soi favorise l'autonomie en harmonisant les parties de soi les unes avec les autres. La paix avec soi produit une affirmation sereine. En revanche, celui qui se mésestime est tiraillé par des voix intérieures discordantes.

Plusieurs jugent à tort que le maintien de leur autonomie leur interdit tout lien de dépendance. L'autonomie ne s'oppose cependant pas à la dépendance; toutes deux peuvent cohabiter. En effet, celui qui jouit d'une saine autonomie choisit les personnes avec qui il peut se permettre d'établir une saine relation de dépendance.

L'estime et le respect de soi rendent le pardon possible

Si vous ne pouvez pas être compatissant envers vous-même,
vous ne pourrez pas l'être envers les autres.

Thich Nhat Hank

Les gestes sociaux les plus signifiants ne sont-ils pas ceux du pardon et de la réconciliation? Or, le vrai pardon serait impossible à réaliser sans l'estime et le respect de soi-même. La démarche de pardon que l'offensé entreprend exige d'abord de lui qu'il guérisse son estime de soi et sa dignité blessées. Pour ce faire, il lui faudra prendre conscience de sa blessure et s'accorder le temps de soigner sa sensibilité perturbée. Il devra faire preuve d'une réelle compassion envers lui-même avant de l'éprouver envers son offenseur. C'est là une condition préalable à tout pardon.

Conclusion

Le bel amour de soi et la confiance en soi sont au cœur des relations humaines. En leur absence, on sera porté à se méfier des autres et à les manipuler. Par ailleurs, la personne qui jouit d'une haute estime d'elle-même ne surfait ni sa force ni sa faiblesse. Elle ne se compare pas aux autres. Elle leur donne généreusement des marques d'attention et d'affection. Quand elle en reçoit, elle le fait avec gratitude; elle sait aussi les refuser quand elle les juge artificielles et fausses. Elle évite les jeux des manipulateurs qui l'emprisonnent dans des transactions malsaines.

Septième chapitre

Les maladies associées à une pauvre estime de soi

Tout royaume divisé contre lui-même court à sa ruine...
Matthieu 12, 25

Tout travail sur l'estime de soi vise à assurer au « je » conscient une plus grande autonomie, celle-ci étant définie comme la liberté d'agir d'après ses propres décisions. Être autonome, c'est donc pouvoir se dégager progressivement des conditionnements instinctuels ainsi que des conditionnements sociaux et culturels appris ou « introjectés » en soi. C'est encore pouvoir disposer de sa vie suivant les inclinations les plus vraies et profondes de son être, au lieu de suivre aveuglément les diktats de sa *persona,* de son moi social. C'est enfin savoir faire des choix conformes à son identité. Bref, c'est devenir soi-même et réaliser sa mission personnelle.

Ce chapitre consacré aux maladies connexes à l'estime de soi vise à sensibiliser le lecteur aux obstacles à la qualité de l'estime de soi et de son autonomie. Toutes les descriptions de ces maladies agissent comme autant de feux rouges qui mettent en garde contre les illusions du faux moi et, du même coup, contre les déviations de l'estime de soi.

Je suis convaincu de la possibilité de transformer une estime de soi faible et déficiente en une estime de soi haute et saine. Je m'attacherai ici à décrire uniquement les névroses qui affectent le « je » ou le soi, sans aborder les psychoses.

Le faux moi

À la périphérie du moi conscient, se situe la *persona* ou moi social qui a pour fonction d'adapter l'individu aux attentes et aux exigences réelles ou imaginaires du milieu. L'enfant apprend tôt dans la vie à répondre aux attentes de ses premiers éducateurs, à chercher à leur plaire pour mieux se faire accepter par eux. Le développement normal de sa *persona* l'habilite à vivre en harmonie avec son entourage, en lui évitant le plus de heurts possibles. Il éprouve un besoin fondamental d'être reconnu et de tisser des liens d'appartenance à sa communauté immédiate. Ces liens, il les crée en obéissant aux règlements et aux lois du groupe, même s'il doit faire des compromis sur certaines de ses tendances et de ses goûts.

Mais des accidents surviennent au cours de la formation normale de la *persona*. C'est ce qui se produit lorsque les premiers éducateurs ont des comportements incohérents, soit parce qu'ils envoient à l'enfant des messages contradictoires, soit parce qu'ils ne répondent pas à ses besoins de base. Dans pareil cas, l'enfant éprouve de la peine à s'ajuster. Pour survivre, il n'a d'autre choix que de cacher qui il est et d'employer des stratégies d'adaptation défensives et rigides.

Pour sa protection, il adoptera alors une façade accommodante, un « faux self », selon l'expression de Winnicott, spécialiste en développement de l'enfant[9]. Le faux moi naît dès les premiers efforts ratés d'adaptation causés par les comportements frustrants et contradictoires de la mère. L'enfant, perturbé dans sa relation primaire

---

9   D.W. WINNICOTT, *Processus de maturation chez l'enfant : Développement affectif et environnement*, Paris, Petite Bibliothèque Payot, coll. « Science de l'Homme », 1974, p. 121-124.

par autant de déceptions, se bâtira une façade protectrice. Au lieu de présenter une *persona* saine, un moi social adapté, il tentera de déjouer ce monde ressenti comme intrusif, incohérent et menaçant. L'adaptation malsaine à laquelle il se sera adonné, loin de profiter à son moi conscient, aura contribué à son aliénation.

L'enfant, et par la suite l'adolescent, se construira dès lors une *persona*-armure et n'osera plus exprimer ses vrais sentiments et émotions. Il s'ingéniera à manifester seulement ceux qu'il croit acceptables et recevables par son entourage. L'Analyse transactionnelle qualifie cette tactique de survie de « trafic de sentiments » (*racket feelings*). Le jeune utilisera en conséquence des manœuvres manipulatrices qu'Éric Berne a exposées dans son ouvrage *Des jeux et des hommes*. Le drame, c'est qu'il rate l'occasion d'acquérir une authentique estime de lui-même.

Certains prennent conscience de leur faux moi au milieu de personnes vraies et authentiques. Au début, ils ont le vague sentiment d'être un imposteur et ils comprennent alors l'inutilité voire la nocivité de leurs manipulations.

Voyons maintenant les divers déguisements névrotiques que revêtent les fausses adaptations de la *persona*.

Le narcissique

La personnalité narcissique est un bel exemple d'un faux moi. Au lieu d'avoir une juste perception de ce qu'il est, le narcissique est constamment préoccupé de son image sociale. Il se comporte alors comme Narcisse, ce personnage mythique qui devint tellement amoureux de son visage reflété dans l'eau qu'en cherchant à le contempler de plus près il s'y noya. La légende veut qu'à l'endroit où il est tombé naquit une fleur qui porte le nom de narcisse.

C'est le cas par exemple du jeune homme qui n'a le sentiment d'exister que dans le regard d'une femme. S'observer à travers l'effet qu'il produit chez son admiratrice lui procure une intense satisfaction.

Le drame du narcissique, c'est de croire qu'il n'existe réellement que dans le regard d'autrui. En d'autres termes, il est préoccupé de son image, surtout de celle que l'autre lui renvoie. Du même coup, il se rend incapable de rencontrer vraiment une autre personne et de bâtir avec elle une relation intime. Il se condamne à vivre isolé dans un monde de fantaisie.

L'impossibilité de faire une rencontre réelle de la part de la personnalité narcissique est bien illustrée par la façon dont Oscar Wilde terminait la légende. Les Oréades, divinités des bois, étaient venues au bord de ce lac et l'avaient trouvé transformé en urne de larmes.

— Pourquoi pleures-tu, demandèrent les Oréades?

— Je pleure Narcisse, répondit le lac.

— Voilà qui ne nous étonne guère, dirent-elles alors. Nous avions beau être constamment à sa poursuite dans les bois, mais tu étais le seul à contempler de près sa beauté.

— Narcisse était donc beau? demanda le lac.

— Qui mieux que toi pouvait le savoir? répliquèrent les Oréades, surprises. C'est bien sur tes rives, tout de même, qu'il se penchait chaque jour!

Le lac resta un moment sans rien dire. Puis il ajouta : «Je pleure Narcisse, mais je ne m'étais pas aperçu qu'il était beau. Je pleure Narcisse parce que, chaque fois qu'il se penchait sur mes rives, je pouvais voir, au fond de ses yeux, le reflet de ma propre beauté[10].»

Le perfectionniste

Malgré les apparences, le perfectionniste est un parfait exemple de mésestime de soi. Incapable de rester en contact avec lui-même, il est à tout instant soucieux d'avoir des comportements conformes

---

10   D'après P. COELHO, *L'alchimiste*, Paris, Anne Carrière, 1994, p. 13.

aux normes et aux codes sociaux. Pour lui, c'est là que se trouve l'idéal de la perfection. Il s'efforce donc de dissimuler le moindre défaut, la moindre faiblesse et la moindre transgression dans sa vie. Il aurait en effet trop honte de vivre en désaccord avec son image de perfection. Toujours en état d'alerte, il s'efforce d'éviter dans son travail la moindre erreur ou le moindre écart de conduite. En se fixant de tels standards de perfection, il se maintient dans un perpétuel état de stress. Nul ne s'étonnera alors de sa rigidité et de son irritabilité envers lui-même et envers son entourage.

Le perfectionniste choisit certaines vertus sociales qu'il s'applique à exercer à la perfection. Mentionnons entre autres la propreté, la discipline, la régularité, l'obéissance, la politesse, la fidélité, etc. En revanche, il en ignore d'autres tout aussi importantes, comme la cordialité, la détente, la générosité, la tolérance, la souplesse, etc. Carl Jung avait le mot juste en la matière, affirmant qu'il valait mieux être complet que parfait. Je me souviens d'un supérieur religieux tellement porté à faire respecter la discipline qu'il en avait oublié les simples règles de civilité et de charité fraternelle. Il aurait eu avantage à se montrer moins « parfait », mais plus « complet ». Car celui qui s'estime accepte tout de lui-même, tant ses qualités que ses faiblesses. Il n'ambitionne pas une conduite impeccable sur tous les points.

Les efforts déployés par le perfectionniste pour lutter contre l'émergence de son ombre (la partie déviante de sa personnalité) seront à la longue insoutenables. La tension psychique résultant du refoulement continuel de son ombre provoquera chez lui, à son grand désarroi, toutes sortes de réactions pénibles : obsessions, peurs incontrôlables, préjugés, écarts compulsifs sur le plan moral, sans parler de l'épuisement psychologique et des états dépressifs dont il aura à souffrir.

L'obsédé de l'estime de soi

Une forme subtile de narcissisme semble être à la mode : il s'agit du souci exagéré de soi. Les personnes aux prises avec cette obsession se créent des tracas excessifs et inutiles. Elles se tourmentent pour leur santé; en conséquence, elles ne rêvent que de repos et de vacances. Elles s'inquiètent de leur progrès dans l'estime d'elles-mêmes; elles se soucient constamment de leur épanouissement personnel, etc. Elles deviennent hypersensibles, voire quelque peu hypocondriaques.

L'obsession de soi peut nuire au réel épanouissement de soi. Les révisions et les retours constants sur soi sont malsains. Ils entraînent souvent un nombrilisme, en plus de nuire au fonctionnement des automatismes physiologiques sains (par exemple : la digestion, les battements du cœur, etc.). L'épanouissement de soi devient un devoir pesant. Au lieu de penser à bien vivre, la personne se perd en examens nuisibles de soi et de son agir. Souvent, ces gens qui ont été brimés dans la satisfaction de leurs besoins de base ne font pas suffisamment confiance à la spontanéité de la vie, à leurs instincts et à leurs intuitions, à leur goût d'aimer et d'être aimé.

L'orgueilleux

Plusieurs assimilent l'estime de soi à l'orgueil. C'est là une grave erreur, fondée sur une fausse conception de l'estime de soi. La morale traditionnelle définissait le péché d'orgueil en termes de sentiment excessif de sa supériorité allant jusqu'au mépris des autres. Les psychologues quant à eux parlent davantage de complexe de supériorité. Ils soutiennent de plus que le culte démesuré du moi provient d'un profond sentiment d'insécurité. En effet, l'orgueilleux se défend contre un sentiment inconscient d'infériorité. Par réaction, la personne orgueilleuse combat un fort sentiment d'inaptitude; d'où son apparence d'arrogance et d'outrecuidance. Sa guérison résiderait donc dans l'acceptation de ses faiblesses et de ses fragilités si elle parvenait à en prendre conscience. Il va sans dire que l'estime de soi n'a rien à voir avec l'orgueil ou le complexe de supériorité. Seuls ceux qui ont une pauvre estime d'eux-mêmes le pensent.

L'estime de soi artificielle

Une autre forme de fausse estime de soi consiste à se sentir très important en raison de ses biens ou de son influence. Posséder une voiture ou un domicile très coûteux, faire partie d'un club sélect ou vivre dans un milieu très huppé, jouer à la vedette, jouir de privilèges, multiplier les conquêtes sexuelles, tout cela gonfle l'ego d'une personne jusqu'à lui faire croire qu'elle a une saine estime d'elle-même. C'est là une dangereuse illusion, car tous ces avantages extérieurs n'ont rien à voir avec l'estime de soi qui s'avère une disposition intérieure.

On a certes de bonnes raisons de se montrer fier de ses biens et de ses réussites sociales. Mais ces brillants avantages ne produisent pas nécessairement une haute et saine estime de soi. Pour s'en rendre compte, on n'a qu'à constater combien peu de personnes riches, célèbres et adulées du public s'aiment réellement et ont confiance en elles-mêmes. Nombre d'entre elles sont même si malheureuses qu'elles sont portées à s'isoler et à combler leur vide existentiel par l'alcool, la drogue, le consumérisme, voire en entretenant des idées suicidaires.

Rappelons-le, l'estime de soi est le sentiment de s'aimer, d'être aimé, d'être compétent et utile aux autres. Elle résulte avant tout d'un travail intérieur.

Le séducteur

Le séducteur se sert de ses charmes pour manipuler et dominer ses conquêtes. Ses artifices révèlent une grave mésestime de soi quant à ses aptitudes et à sa capacité de se débrouiller dans la vie. Il préfère séduire plutôt que s'échiner à gagner sa vie et se mériter l'approbation des autres pour ses efforts. Certes, il a l'assurance de pouvoir séduire, mais il lui manque assez de confiance en lui-même pour réussir sa vie. Très jeune, on l'a convaincu que la beauté et la gentillesse lui suffiraient et lui permettraient de faire ses quatre volontés, mais on a négligé de l'aider à développer ses aptitudes.

J'ai connu une femme fort belle et très gentille à qui sa mère avait répété : « Nous, les belles femmes, nous n'avons pas besoin de travailler. Il y aura toujours un prince charmant pour nous faire vivre et bien vivre. » Or, la vie s'est chargée de lui apprendre le contraire : ses déboires amoureux lui ont enseigné que, pour vivre et bien vivre, elle devait compter davantage sur ses aptitudes, ses talents et sa propre initiative.

Le boulotmane

Le boulotmane souffre d'un mal opposé à celui du séducteur. Ses éducateurs ont commencé par lui faire beaucoup confiance. Ils lui ont donné un grand nombre de défis à relever, mais ont négligé de lui montrer gratuitement leur affection. Ils lui prodiguaient des caresses et des marques d'attention seulement pour le récompenser de sa bonne conduire et de ses réussites. L'enfant s'est progressivement mis à confondre marques d'affection et succès. Il en a conclu : « L'amour que me manifestent mes proches n'est jamais gratuit; je dois le gagner par mon rendement. Si je travaille sans relâche et si j'accomplis les tâches demandées au point de m'oublier, il ne fait aucun doute que les autres vont m'aimer. » L'enfant a confondu admiration et amour. Sa soif d'affection a fait de lui un maniaque du travail. Devenu adulte, il se rend jusqu'à l'épuisement professionnel pour tenter de répondre à des attentes, qu'elles soient réelles ou imaginaires. La frustration chronique de tendresse qu'il subit l'amène à se convaincre qu'il n'en fait jamais assez.

L'impuissant

L'impuissant cultive un sentiment diamétralement opposé à la confiance en soi. Son raisonnement repose sur l'illusion que, s'il se montre faible, stupide et incompétent, il se trouvera toujours un bon samaritain pour venir le dépanner ou le secourir. Les expressions « je ne suis pas capable » et « c'est toujours de ma faute » abondent sur ses lèvres. Il est tellement convaincu de son incapacité dans tous les domaines ou presque qu'il se croit victime d'un mauvais sort. Avant d'entreprendre la réalisation d'un projet, il se croit battu d'avance; il vit la hantise de l'échec; il se trouve toujours de bonnes excuses extérieures pour expliquer ses insuccès. Il entretient la ritournelle défaitiste : « À quoi ça sert? » Bref, il applique toute son intelligence à éviter les tâches au lieu de s'ingénier à les réaliser.

La pire conviction qui hante les impuissants est de se croire victimes d'une perversion congénitale. Une femme, plusieurs fois malheureuse en amour, me confiait : « Je suis convaincue que j'ai un défaut naturel, une sorte de fatalité qui m'amène à courir après les échecs amoureux. » Elle entretenait la conviction qu'elle était née pour un destin tragique. Les gens de cette espèce sont convaincus qu'ils sont responsables de tous leurs malheurs, qu'ils sont condamnés à échouer constamment et qu'ils sont poursuivis par le mauvais sort. Les aider à changer leurs convictions représente tout un défi pour le thérapeute de l'estime de soi, défi qu'il est pourtant possible de relever.

Le honteux

Il convient d'abord de distinguer ici culpabilité et honte. Le sentiment de culpabilité désigne l'état d'une personne consciente d'avoir mal agi, c'est-à-dire d'avoir violé une règle morale en toute connaissance de cause. La honte, par contre, est le sentiment pénible de son indignité, l'impression d'avoir une âme sale. Le pire pour le honteux, c'est la conviction que tout son entourage perçoit son état d'indignité et de saleté.

On ne traite pas de la même façon la honte et la culpabilité. La reconnaissance de sa faute, son aveu et le désir de réparer suffisent à dissiper le sentiment normal de culpabilité. Ce n'est pas le cas de la honte, cette sensation presque physiologique d'une souillure de l'âme contractée lors d'un échec, d'une erreur commise ou d'une transgression. La personne honteuse a l'impression d'être souillée et dégoûtante. Pour soigner la honte, l'aveu de l'échec ou de la faute ne suffit pas. Sa guérison nécessite un rite de purification, celui qui consiste par exemple à se laver les mains ou la tête pour faire disparaître l'impression d'être souillé. En plus de ce rite, la thérapie la plus efficace vise à accepter la partie honteuse de soi et à l'entourer d'amour.

Le coupable obsessionnel

Le sentiment obsessionnel de culpabilité se distingue du sentiment normal de culpabilité. Il est répétitif et angoissant, un remords pathologique qui continue d'accabler le coupable même après qu'il ait confessé sa faute. Celui-ci est obsédé par le besoin morbide d'expier, ne fût-ce qu'une peccadille ou une faute imaginaire. Il le fait en s'infligeant un tourment intérieur assorti de reproches tels que : « J'aurais dû... », « Pourquoi n'y ai-je pas pensé? », « C'est de ma faute... » , « C'est impardonnable... »

Ce sentiment obsessionnel dissimule souvent une agressivité refoulée. Le coupable obsessionnel retourne son agressivité contre lui-même. Il arrive que cette agressivité ne soit pas reconnue pour ce qu'elle est et soit ressentie sous forme d'angoisse. On retrouve cet état d'âme lors d'une brusque séparation, d'un deuil non prévu, d'un divorce, d'un chagrin amoureux ou du suicide d'un proche. Les enfants y sont particulièrement vulnérables en raison de leur pensée magique. Ils croient souvent être la cause de la mort d'un proche ou de la séparation de leurs parents.

L'anxieux

L'anxieux souffre d'une inquiétude chronique et démesurée au sujet d'un danger imminent, la plupart du temps imaginaire. Il vit sans cesse avec une épée de Damoclès au-dessus de la tête. Il prévoit l'avènement de catastrophes et en ressent un effroi paralysant. Il n'est donc pas enclin à prendre des risques. De nature pessimiste, il « voit tout en noir ». Il s'imagine des situations d'échec, d'humiliation et de malheur. Déjà stupéfié par la simple prévision de l'échec, il fait en sorte que ses prophéties de malheurs se réalisent. La seule consolation qu'il peut se donner, c'est de dire : « Je le savais. »

Pour soigner l'anxieux, il faut lui apprendre à vivre le plus possible dans le présent et à remplacer ses fantasmes d'échec par des idées de réussite.

L'angoissé

Comme l'anxieux, l'angoissé vit sans cesse dans la peur. Celle-ci se fait sentir comme un malaise tant psychique que physique. L'angoisse peut faire passer d'une simple préoccupation à une crise de panique et de phobie. Les symptômes physiques en sont les suivants : transpiration abondante, apparition de spasmes, accélération du pouls, sentiment d'étouffement et serrement de la gorge, etc.

L'angoissé ne comprend habituellement pas la raison de son malaise. Il n'en saisit pas l'origine, ni le message qu'il porte. Son angoisse est, la plupart du temps, une manifestation camouflée de son ombre, cette partie refoulée de lui-même qui cherche par divers moyens à émerger à la conscience et à y trouver un moyen d'expression.

Source permanente d'angoisse, l'ombre peut devenir plus mystifiante en raison du fait qu'elle obnubile la perception de l'angoissé. Souvent, elle a recours à une façon symbolique de s'exprimer en se projetant sur les choses, les animaux et les situations. L'angoisse prend alors l'allure de phobies de toutes sortes. On peut trouver des pistes de guérison dans l'intégration de son ombre; on en trouvera dans la deuxième partie de cet ouvrage.

Le dépendant

Le dépendant se caractérise par le manque de conscience de ses propres frontières psychologiques. En conséquence, il est porté à se perdre de vue dans les rapports avec les autres. Il devient incapable de voir et de tolérer les différences qui le séparent des autres. Il utilise des expressions fusionnelles telles que « Je sais ce que tu vis », « Tu me fais plaisir », « Tu me rends fou ». Incertain de ses états d'âme, il ressent toujours un malaise ou une menace soit pour lui-même, soit pour les autres.

Il souffre d'une basse estime de lui-même. Il croit que ses frontières sont envahies par des éléments étrangers. Il subit sans cesse l'influence d'autrui, au point de renoncer à son originalité. Il a mal assimilé les enseignements ou les principes de vie inculqués par ses éducateurs; il les a tout simplement avalés. Il est tourmenté par un surmoi tyrannique. On le reconnaît dans les expressions qu'il utilise : « on doit », « il faut », « il ne faut pas », et par son utilisation du « tu » et du « on » au lieu du « je ».

L'indépendant

L'indépendant se situe à l'opposé du précédent. Il s'est construit des frontières infranchissables qu'il surveille constamment pour mieux se protéger. Il soupçonne toujours qu'on parle de lui. Il se méfie de toute manifestation d'admiration et d'affection, il s'organise pour ne pas en recevoir dans l'espoir d'éviter des pièges imaginaires. Il parle souvent de son indépendance et de sa liberté qu'il croit toujours menacées.

Par contraste avec les deux derniers types décrits, les frontières psychologiques de la personne à haute estime d'elle-même sont souples. Elle a des idées très claires sur son identité : elle sait distinguer ce qui lui appartient et ce qui ne lui appartient pas. Elle connaît les confins de sa personnalité et elle ne se laisse pas définir par les opinions d'autrui. Elle sait s'engager avec d'autres dans des relations épanouissantes. Elle donne et reçoit des marques d'attention et d'affection, tout en demeurant libre et indépendante. Elle se permet de se montrer vulnérable et de manifester une certaine dépendance envers les personnes qu'elle a choisies pour leur fidélité et leur solidité dans l'amitié.

(Voir la stratégie : « Positionner ses frontières personnelles ».)

Conclusion

La description des maladies relatives à l'estime de soi n'est pas très réjouissante. Mais, ce qui est réconfortant, c'est que par le moyen de simples stratégies comme celles de changer son regard sur soi, de modifier son dialogue intérieur et de contrôler ses émotions et ses sentiments, on a la capacité de se libérer de ces névroses. La rééducation de soi-même est toujours possible.

Deuxième partie :

... à l'estime du Soi

Deviens ce que tu es!
Nietzsche

Premier chapitre

Le passage de l'estime de soi à l'estime du Soi

Histoire du disciple et du maître

Le disciple au maître :
« Qu'est-ce qu'on fait avant l'illumination spirituelle? »

Le maître répond :
« On ramasse le bois, on fait le feu et on fait bouillir l'eau. »

Et le disciple de demander :
« Qu'est-ce qui se passe une fois qu'on a eu l'illumination spirituelle? »

Le maître reprend :
« On ramasse le bois, on fait le feu et on fait bouillir l'eau. »

Auteur inconnu

Un moi fort est nécessaire si l'on veut s'approcher du Soi — l'âme habitée par le divin —, l'estimer et prendre soin de lui. La première partie de cet ouvrage a été consacrée au développement de l'estime de soi; cette deuxième partie illustre l'importance de l'estime du Soi et les conditions pour la favoriser.

Rappelons dès maintenant la distinction entre l'estime de soi et l'estime du Soi. L'estime de soi s'occupe des images, des paroles et des regards par lesquels on porte des jugements de valeur sur soi-même. Par ailleurs, l'estime du Soi consiste à découvrir son âme et à en prendre soin. La première est d'ordre psychologique et volontaire; l'autre est d'ordre spirituel et relève de l'éveil à l'action du Soi. Enfin, l'estime de soi s'occupe de l'ego de la personne, de sa survie physique, émotionnelle, intellectuelle et sociale; l'estime du Soi cherche à trouver son être spirituel, c'est-à-dire son âme, et à se laisser conduire par elle pour atteindre son plein développement.

La mort de l'ego ou la mésestime de soi?

Aujourd'hui encore, bon nombre d'auteurs spirituels soutiennent que la spiritualité s'érige sur les ruines de l'ego et, par conséquent, sur une mésestime de soi. La méfiance à l'égard de l'estime de soi est encore à l'œuvre, surtout dans une certaine littérature spirituelle qui tient pour suspect le bel amour de soi. Ces écrits concentrent leurs efforts à démontrer les dérives possibles de l'estime de soi, mais en ignorent les bienfaits. Se seraient-ils attardés à une tradition janséniste? Sont-ils encore hantés par la phrase de Blaise Pascal affirmant que « le moi est haïssable »?

Je me suis amusé à relever dans les articles récents, écrits en français, quelques expressions utilisées pour dépeindre l'estime de soi : « narcissisme », « nombrilisme », « individualisme » (en opposition au bien commun), « culte du moi surdimensionné », « souci exagéré de soi-même », « préoccupation du moi », « héroïsation du moi », « autodivination », « moi d'abord », etc. Ces penseurs semblent ignorer qu'il est absolument nécessaire d'avoir une saine estime de soi pour accéder à l'estime du Soi.

Pour réaliser le passage de l'estime de soi à l'estime du Soi, des maîtres spirituels notent l'importance de renoncer à l'ego, en d'autres termes à l'estime de soi. Ils invitent donc leurs disciples à mourir à leur ego, c'est-à-dire à l'abolir, à le dissoudre, à l'anéantir, à le faire disparaître. Or, je suis convaincu de l'importance de l'ego et je ne comprends pas ce langage violent. Je préfère m'exprimer en termes moins destructeurs, car je m'oppose à toute mutilation de l'ego et de l'estime de soi. En effet, l'élimination de l'ego conduit à un rejet des valeurs liées à la survie et à l'affirmation sociale. De plus, une telle orientation risque de nourrir les illusions spirituelles sur soi-même. Le même Pascal n'affirmait-il pas : « Qui veut faire l'ange fait la bête » ?

Aussi, au lieu de décréter la mort de l'ego, je m'appliquerai à démontrer que le passage de l'estime de soi à l'estime du Soi doit se faire par mode de conversion et de changement de perspective. J'insisterai sur l'éveil de soi aux réalités spirituelles. Une fois acquise une solide estime de soi et de ses forces de survie, je proposerai un changement progressif du point de vue de l'ego à celui de la transcendance du Soi. Je suis en effet convaincu que l'épanouissement spirituel exige, dans la mesure du possible, une santé psychologique que procure le bel amour de soi.

Comment donc se produit le passage de l'estime de soi à l'estime du Soi? Il s'accomplit quand l'ego renonce consciemment à se situer au centre de la personne et à avoir la prétention de tout contrôler, quand il se place sous la direction du Soi.

L'estime de soi et celle du Soi : deux moments de croissance aux processus inverses

Michel Lacroix, professeur à l'Université d'Éry-Val d'Essonne et auteur de l'ouvrage *Développement personnel,* a bien distingué les deux mouvements inverses de l'épanouissement personnel, la construction de l'estime de soi et son dépouillement pour accéder à l'estime du Soi : « D'une part, on vise le renforcement du moi : améliorer ses performances, devenir un leader, mieux communiquer, gérer ses émotions, réaliser ses projets : tout cela relève de l'affirmation de soi. Cette frange des activités de développement personnel se déploie dans le cadre de l'ego. Mais, d'autre part, le développement personnel vise le dépassement du moi dans l'expérience spirituelle. » Il écrit aussi que les méthodes pour parvenir à l'expérience spirituelle changent : « Grâce à la transe, à l'extase, à l'élargissement de la conscience, les sujets espèrent goûter à la fusion cosmique, devenir des "hommes sans frontières", dissoudre leur individualité dans le transpersonnel. De telles activités se situent, clairement, au-delà de l'ego[11]. » Malgré son excellente description du passage de l'ego au Soi, l'auteur tombe dans le travers de faire disparaître l'ego au profit de l'expérience du Soi.

Suivant la même ligne de pensée, David Richo[12] met en parallèle développement psychologique et croissance spirituelle. Je m'inspire ici de son tableau comparatif entre le travail psychologique (estime de soi) et le travail spirituel (estime du Soi).

Le travail psychologique et le travail spirituel exigent l'intégration de ces deux dynamiques. Ils combinent l'effort volontaire à la grâce. Une fois épuisés les efforts de l'intelligence et de la volonté propres à l'estime de soi, le Soi intervient par sa grâce.

Il existe une sagesse dans l'art de connaître le moment où il faut cesser les efforts volontaires et se placer dans un état de réceptivité. Pour accomplir le déplacement vers l'estime du Soi, on doit mettre en œuvre des stratégies autres que celles employées pour bâtir l'estime de soi, c'est-à-dire faire appel aux ressources de l'inconscient. Ces stratégies consistent à se mettre dans un état second, notamment par l'autohypnose, la méditation, la visualisation, l'affirmation et, surtout, en se montrant disponible aux forces et aux symboles du Soi. Elles facilitent l'action du Soi qui recèle des possibilités de croissance que l'ego ne possède pas.

---

11 M. Lacroix, « Le développement personnel : Un nouveau culte du moi », *Christus : Revue de formation spirituelle*, t. 47, n° 188, octobre 2000, p. 406.

12 D. Richo, *Shadow Dance : Liberating the Power and Creativity of Your Dark Side*, Boston, Shambhala, 1999, p. 94.

Ainsi, Jung affirmait : « La croissance de la personnalité se fait à partir de l'inconscient[13]. » Cette pensée rejoint celle de Milton Erickson. Ce grand médecin hypnologue, qui a influencé la plupart des écoles de psychothérapie actuelles, considérait l'inconscient comme le lieu privilégié de toute croissance possible, parce qu'il est une source intarissable de créativité.

Le passage de la vie de l'ego à la vie spirituelle

Nul ne peut prédire exactement comment s'effectue, pour un individu, le passage de l'ego au Soi. Il est toutefois possible d'identifier trois grandes catégories de personnes qui vivent le passage de l'ego à la vie spirituelle.

1) Certains, dès leur jeune âge, sont attirés par les intimations du Soi et les suivent docilement.

2) D'autres, surtout au mitan de leur vie, traversent une crise existentielle. Alors qu'ils réussissent leur vie sociale, qu'ils sont prospères et devraient éprouver une réelle euphorie, ils sont hantés par des questions et des réflexions existentielles : « À quoi bon tout cela? »; « Quel est le sens de mon existence? »; « J'ai l'impression de rater ma vie, de m'être trompé sur mon orientation »; « Je me sens terriblement seul, même si je suis entouré de parents et d'amis ». Ces personnes vivent un véritable malaise existentiel.

3) D'autres, enfin, se voient contraints à se poser les grandes questions sur l'existence à la suite de pertes majeures dans leur vie.

Pour les deux dernières catégories de personnes, le passage de l'estime de soi à celle du Soi n'est pas de tout repos. Leur éveil spirituel passe par des périodes d'angoisse. S'ils ne sont pas guidés et avertis,

---

13   C.G. JUNG et R. CAHEN, *Racines de la conscience : Études sur l'archétype*, sous la direction de R. CAHEN, Paris, Buchet-Chastel, 1971, p. 280.

ils se découragent rapidement et retournent à leur routine ennuyeuse et à la diversion des distractions. Mais si, au contraire, ils demeurent fidèles aux poussées du Soi, ils sauront affronter ces moments difficiles et progresseront dans la voie spirituelle.

Les phénomènes d'angoisse dans la croissance spirituelle

La découverte des influences latentes mais discrètes du Soi sur l'ego n'est pas sans susciter une peur existentielle. Cependant, rares sont les ouvrages qui décrivent cette angoisse. Le mot « angoisse » tire son origine du latin *angustia* qui signifie « passage étroit ». Il renvoie à la sensation typique éprouvée dans la gorge et dans la poitrine, qui fait que la personne se sent « à l'étroit » en raison d'un blocage d'énergie.

La conversion de l'estime de soi à l'estime du Soi, c'est-à-dire le fait pour l'ego de se sacrifier en faveur du Soi, suscite une angoisse toute particulière. Cette peur est engendrée par le deuil que l'ego doit faire de sa sécurité et par le vertige qu'il ressent devant l'inconnu du monde spirituel. Il importe cependant de ne pas la confondre avec l'angoisse causée par le refoulement. Elle survient lorsque le Soi provoque une poussée de croissance; assez paradoxalement, elle s'accompagne d'un sentiment d'enthousiasme. Par ailleurs, elle annonce une situation de crise. L'ego s'inquiète alors de ne plus se sentir en sécurité, de perdre sa stabilité et de ne plus pouvoir contrôler son évolution. Bref, il ne sait plus ce qu'il peut attendre de l'avenir.

Le deuil que l'ego doit faire de ses anciennes sécurités produit chez lui un étrange sentiment de nouveauté, voire de vide. Mais, plutôt que d'affronter bravement cet état d'inconfort et de confusion, les gens ont souvent tendance à retourner vers les positions sécurisantes de l'ego. Ils pensent faire fausse route, croyant à tort que leur évolution spirituelle devrait s'accomplir avec facilité et dans l'euphorie. Sage est l'accompagnateur spirituel capable d'identifier ces impasses passagères parce qu'il les a lui-même traversées et en a connu les « nuits ». Il est donc à même de soutenir les novices sur le chemin aride du progrès spirituel.

Le phénomène de « l'induction »

L'induction est une autre forme d'angoisse peu souvent reconnue au début de l'éveil spirituel et du rayonnement du Soi. Ce terme emprunté à la physique décrit la résistance qu'un courant électrique subit quand il traverse un conduit métallique et que celui-ci se met à chauffer et même à brûler. Cette métaphore est utilisée en psychologie spirituelle pour décrire le rayonnement énergétique du Soi quand il se met à éclairer les zones obscures de l'inconscient. Ce phénomène dévoile des aspects d'immaturité, des fautes de jeunesse, des transgressions morales et des démissions de son idéal. Le Soi rencontre alors une forte résistance sous forme d'angoisse.

Le phénomène d'induction paraît plus évident lorsqu'on s'engage à vivre des valeurs spirituelles élevées. Illustrons-le par des exemples. En même temps qu'il est animé d'un grand idéal, un jeune novice religieux manque de confiance en lui; peu après son mariage, une épouse a le sentiment d'être prisonnière de son engagement; lors de la naissance de son enfant, une mère éprouve un vif sentiment de culpabilité d'avoir consenti dans le passé à un avortement; une personne qui a fait le vœu de vivre un idéal de chasteté parfaite est obsédée par des images sexuelles; une communauté religieuse, à ses débuts enthousiaste à l'idée de sauver le monde, se voit glisser dans des dérives sectaires. Si l'idéal spirituel est vécu uniquement en pensée, le phénomène de l'induction ne s'enclenchera probablement pas. Par ailleurs, si des personnes décident de vivre concrètement cet idéal, il est fort probable que, à leur grand désarroi, l'induction sera activée.

Dans la même ligne de pensée, Robert Johnson[14] notait que l'ombre resurgit et tend à apparaître après une période spirituelle intense. De même, Aldous Huxley dans *Devils of Loudun*, signale la polarisation suscitée par l'induction : « Chaque positif engendre un négatif correspondant [...] nous découvrons des choses comme la

---

14 R.A. JOHNSON, *Owning Your Own Shadow : Understanding the Dark Side of the Psyche*, San Francisco, HarperSanFrancisco, 1991, p. 82.

haine qui accompagne l'amour, une dérision causée par le respect et l'admiration[15]. »

Une personne devenue plus sensible aux valeurs spirituelles et, du même coup, plus responsable sera davantage sujette à ressentir de la culpabilité et une saine honte devant certaines attitudes et actions de son passé. Si, au lieu de refouler cette culpabilité et cette honte, elle les assume et les réintègre comme elle le ferait de ses ombres, son moi éprouvera une étonnante expansion de la conscience et le sentiment d'une surprenante vérité. Mais, une fois encore, il lui faudra pour cela être accompagnée par un maître spirituel averti qui n'aura pas tendance à banaliser le phénomène de l'induction.

Deux voies pour atteindre l'estime du Soi

Précisons de quelle façon s'acquiert l'estime du Soi, en décrivant les deux voies qui permettent d'y accéder, la voie négative et la voie positive. Contrairement à l'estime de soi qui croît à coups d'efforts, d'applications et de stratégies, nous l'avons vu dans la première partie, l'acquisition de l'estime du Soi procède tout autrement. La voie négative consiste en une purification accomplie au moyen des stratégies suivantes : la désidentification, les deuils, l'intégration de ses ombres et, enfin, les détachements volontaires.

La voie positive dite symbolique utilise des stratégies différentes : le travail sur les symboles par l'imagination active, la pratique du mandala, l'étude de la symbolique des rêves, la réconciliation des opposés et, finalement, la connaissance des histoires et des mythes spirituels.

Les chapitres subséquents feront la description des stratégies propres à ces deux voies. Avant de nous aventurer plus loin, nous définirons plus précisément l'instance psychospirituelle du Soi.

---

[15] Cité par J. FIRMAN, *Je et Soi : Nouvelles perspectives en psychosynthèse*, Sainte-Foy, Centre d'intégration de la personne de Québec, 1992, p. 271.

Deuxième chapitre

Qu'est-ce que le Soi?

Je savais que j'avais atteint, avec le mandala,
l'expression du Soi, la découverte ultime
à laquelle il me serait donné de parvenir.
C.G. Jung

La conception du Soi chez Carl Jung

Carl Jung a découvert l'instance du Soi à la suite de l'analyse de ses propres rêves et de ceux de ses patients, de ses recherches anthropologiques, en particulier sur les mandalas tibétains, l'étude de l'alchimie, le taoïsme et la gnose. Ses études l'ont conduit à l'évidence de l'existence d'un centre de l'âme, principe organisateur de toute la personne. Il a alors emprunté à l'Inde le mot *âtman*, qui signifie littéralement « soi » ou « soi-même ». Dans les textes du védisme ancien, les Upanishads utilisent ce terme pour désigner la personne véritable, en opposition au moi considéré comme un revêtement artificiel, une cristallisation accidentelle. Pour Élie Humbert, cette intuition constitue « la clé de voûte de la psychologie jungienne[16] ».

---

16   É.G. HUMBERT, *L'homme aux prises avec l'inconscient*, Paris, Albin Michel, 1992, p. 65.

Carl Jung se démarquait ainsi de la théorie de Freud, son maître de la première heure. Il n'admettait plus sa conception de l'inconscient, du « ça » freudien mû uniquement par des forces libidinales chaotiques qui peuvent à tout moment faire irruption dans le conscient et y produire une psychose. L'inconscient jungien se montre moins menaçant. Il est constitué d'archétypes, noyaux d'énergie psychique qui s'incarnent dans la réalité pour lui donner un sens. Ces formes universelles gravitent idéalement autour d'un centre qu'est le Soi. Avec le Soi que Jung décrit comme « l'archétype royal », elles forment l'inconscient collectif.

Alors que Freud demande au soi d'avoir une attitude défensive vis-à-vis de l'inconscient et le charge de bâtir des défenses pour le contenir, Jung propose au contraire une collaboration entre le moi conscient et l'inconscient. La conception de l'inconscient chez Freud est d'ordre purement psychologique et fermée à toute ouverture sur le spirituel. Chez Jung, l'inconscient collectif s'organise autour d'un centre spirituel et religieux, le Soi, qu'il définit comme l'*imago Dei* (image de Dieu). C'est en 1930 que Carl Jung fut conduit à la conviction que l'inconscient collectif est centré sur l'instance du Soi, qui donne sens et finalité à tout le matériau psychique. La découverte du Soi l'a amené à concevoir pour la personne un processus de maturation dont le but est de devenir « Soi-même », de retrouver son identité réelle (ou individualité) et, à cette fin, de libérer la personne des influences sociales aliénantes.

En attribuant un tel statut au Soi, celui d'être à la fois la totalité et la finalité de la vie psychique, le psychanalyste zurichois propose une conception originale de la vie intérieure, laquelle ne sera plus une simple activité psychologique mais une spiritualité du Soi. Ce faisant, il influencera toutes les écoles de psychologie trans-personnelle. Celles-ci reconnaissent en effet le rôle déterminant du spirituel dans l'évolution de la personne.

La connaissance intuitive du Soi

Le Soi se laisse plus deviner que saisir directement. On n'arrive à le connaître qu'à travers des expériences-sommets qui sont des percées du Soi. Celles-ci permettent d'entrevoir le Soi dans le cours ordinaire de la vie. Parmi ces expériences-sommets — dont je discuterai plus longuement au prochain chapitre — je m'arrêterai ici à celles qui ont un caractère plus symbolique.

Le Soi, une réalité impossible à connaître directement, se laisse pourtant découvrir par le conscient à travers des symboles : les rêves, les mythes et les légendes. Parmi les images symboliques qui représentent plus particulièrement le Soi, on compte d'abord celles représentant la totalité et l'infini, telles que la pierre précieuse inestimable, le diamant indestructible, l'or pur, l'eau vive, le phénix renaissant de ses cendres, l'élixir de l'immortalité, la pierre philosophale, le royaume intérieur. On observe ensuite des figures qui renvoient à un centre entouré d'un espace infini comme le mandala, la croix, l'étoile polaire, la figure cubique et circulaire. Or, tous ces symboles ont en commun de renvoyer à l'idée de totalité, de perfection, de finalité du Soi, considéré comme l'âme humaine habitée par le divin.

Tentatives de description du Soi

Qu'est-ce que le Soi? Jung donne à cette question plusieurs réponses : « le Soi est l'archétype royal de toute la personne; le Soi est la totalité et la finalité de la psyché, le Soi est l'*imago Dei* (image de Dieu), le "Dieu en nous"[17] ».

---

17 C.G. JUNG, *New Paths in Psychology*, Collected Works : Psychology and Religion : West and East, Princeton, Princeton University Press, « Bollingen Series », 1938, p. 399.

Edward C. Whitmont le définit comme une personnalité intérieure autonome et différente du moi conscient. Il le considère comme un guide qui vise à l'épanouissement et à l'orientation de l'ego[18].

Pour sa part, John Firman voit lui aussi le Soi différent du « je conscient », mais en relation avec lui. Il affirme l'influence du Soi tant à l'intérieur qu'à l'extérieur du « je » : « Le Soi est la réalité ontologique plus profonde dont "je" est un reflet[19]. » Il dirige tant la vie intérieure d'une personne que sa vie extérieure qui se trouve en lien avec tout le cosmos.

Stephen Gilligan, hypnothérapeute, présente une définition plus poétique, qui aide à comprendre la nature et le rôle du Soi :

L'âme est un sanctuaire à l'intérieur de soi où coule une cascade fraîche au sein d'une forêt tropicale, un havre de calme et de sérénité qui abrite un grand sage. Ce sage vit depuis la nuit des temps. Ce n'est pas un vieillard, non, disons plutôt qu'il n'a pas d'âge. Il sait vivre : il connaît ce qui est bon pour lui. Il ne se trompe pas. Il sait jouir de la vie, en tirer des leçons et en acquérir la puissance. Il est centre du Soi « génératif ».

En conclusion, on pourrait comparer le Soi jungien à l'âme chez Platon. L'âme est peuplée des ombres fantastiques de la caverne (les archétypes du sens) et participe à la vie divine. Bref, le Soi selon Carl Jung est aussi l'âme humaine habitée par le divin.

---

[18] E.C. WHITMONT, *The Symbolic Quest : Basic Concepts of Analytical Psychology*, Princeton, Princeton University Press, 1991, p. 218-219.

[19] J. FIRMAN, *op. cit.*, p. 312.

Les caractéristiques du Soi

Le Soi, programmateur de toute la personne

Certains ont tendance à faire du Soi une réalité purement spirituelle qui exercerait une domination tyrannique sur le corps et les émotions. Au contraire, le Soi est immanent à toute les dimensions humaines corporelles, mentales et spirituelles. Il pourrait être comparé à l'ADN. Il contrôle le développement et l'évolution de toute la personne, corps et psyché tout à la fois. « Il est, écrit Whitmont, toujours sur la même longueur d'ondes avec le psychisme et le corps; il est en réaction constante, suscitant de nouveaux développements adaptés à une personne spécifique. Par ailleurs, le Soi peut les commander sans égard pour l'égo et même contraire aux idées, aux intentions et aux désirs de l'ego de la personne[20]. »

Le Soi se montre aussi transcendant, puisqu'il dépasse les confins de la personne dont il gère les interactions avec le monde extérieur. C'est ce que John Firman affirme : « Le Soi transcendant-immanent est l'Être le plus profond, le "Je suis qui je suis" personnel universel[21]. » On évite ainsi le dualisme cartésien qui ferait de l'âme et du corps des substances distinctes juxtaposées et non inter-pénétrées. En un mot, le Soi préside à une multiplicité de centres organiques biologiques, mentaux et spirituels, en plus de commander la perception que la personne a de l'Univers.

Carl Jung, pour sa part, n'insiste pas tellement sur l'unité corps-âme composant le Soi; il met plutôt l'accent sur l'unité du psychisme conscient-inconscient : « J'ai, on le sait, défini le Soi comme la totalité de la psyché consciente et inconsciente[22]. »

---

[20]   E.C. WHITMONT, *op. cit.*, p. 217.

[21]   J. FIRMAN, *op. cit.*, p. 184.

[22]   C.G. JUNG, *Mysterium conjunctionis : Études sur la séparation et la réunion des opposés psychiques dans l'alchimie*, avec la coll. de M.-L. VON FRANZ, t. 1, Paris, Albin Michel, 1980, p. 153.

Pour clarifier les rapports du Soi au conscient, on pourrait dire que le Soi exerce une complémentarité vis-à-vis du conscient. Il a le rôle de corriger et de compléter les contenus conscients ou les attitudes du moi-*persona*. Par exemple, si quelqu'un se montre trop gentil ou trop obséquieux avec son patron dominateur, le Soi lui donnera de rêver que son patron est un tyran et que le rêveur se comporte de façon servile à son égard. Le rêve dénoncera ce qui n'a pas été perçu dans la relation employé-patron. Ce qui fera dire à Jung : « Le Soi n'a en effet de signification fonctionnelle que lorsqu'il peut agir comme compensation d'une conscience du moi[23]. » Bref, le Soi est chargé de rétablir l'équilibre quand l'ego a un comportement excessif.

Le Soi, principe central organisateur

Le Soi est un centre de contrôle plus vaste et plus important que le moi conscient. On croit souvent, mais à tort, que le moi conscient et sa *persona* forment l'essentiel de la personnalité; on ne reconnaît pas alors l'existence d'une instance plus grande que lui. Or, c'est le Soi qui règle l'évolution du moi conscient. La révolution copernicienne, qui a déplacé le centre de l'Univers de la terre vers le soleil, s'accomplit par analogie dans le domaine de la psychologie avec la découverte du Soi. Jung a proscrit la croyance commune qui faisait du « moi conscient » le principal centre décisionnel de la personne, en affirmant que c'est le Soi qui occupe la place centrale. Le moi conscient n'est qu'un satellite du Soi, il est créé et dirigé par le Soi.

Edward C. Whitmont accorde au Soi un rôle décisif dans l'évolution de la personne : « Le *modus operandi* du Soi peut être comparé au centre d'un champ d'énergie qui vise à l'épanouissement total d'une vie et d'un mode de personnalité qui contient de multiples

---

23   C.G. Jung et R. Cahen, *Racines de la conscience*, p. 553.

potentialités données *a priori*[24]. » Il se compare à « l'étoile polaire » sur laquelle les voyageurs s'orientent, sans jamais pouvoir l'atteindre[25].

Le Soi intemporel

Le Soi est intemporel; il n'a pas d'âge. En d'autres termes, il possède, grâce à son incessante nouveauté, autant les attributs de la jeunesse que ceux de la vieillesse pleine de sagesse. Ainsi, il est aussi bien représenté par l'archétype de l'« enfant éternel » (*puer æternus*) que par celui du « vieux sage ».

Le temps propre au Soi n'est pas le temps linéaire du passé, du présent et du futur, mais le temps mythique d'une durée comparable à l'éternité. Il ressemble au courant d'une rivière; il est un éternel présent. Un moment du temps linéaire serait équivalent à un seau d'eau puisé à même cette rivière.

Le Soi et la synchronicité

La synchronicité du Soi désigne cette mystérieuse concordance de la psyché avec le monde extérieur. Le travail psychique d'une personne ne se limite pas à une forme d'activité intellectuelle. Le Soi agit comme un champ d'énergie unificateur qui engage en même temps le monde intérieur et le monde extérieur. Prenons un exemple. Un écrivain trop rationnel se demandait comment améliorer son style d'écriture. Il a reçu la réponse à sa question dans un message de l'Univers qui lui a fait trouver par hasard sur sa route des cartes de dames de cœur. Il a alors compris qu'il devait davantage exploiter, dans son écriture, sa sensibilité et son émotivité féminine. La synchronicité opérée par le Soi ne respecte pas le temps linéaire et la séquence des causes, mais elle transcende les catégories temporelles du passé, du présent et du futur.

---

[24] E.C. WHITMONT, *op. cit.*, p. 219.

[25] *Ibid.*, p. 222.

À ce propos, Jung aimait bien rapporter cette anecdote. Un jour, il analysait le rêve d'une cliente, au cours duquel celle-ci avait reçu en cadeau un scarabée. « Tandis qu'elle me racontait son rêve, écrit-il, je vis un insecte volant à l'extérieur heurter la vitre [...], il offrait avec un scarabée d'or l'analogie la plus proche qu'il soit possible de trouver sous nos latitudes... une cétoine dorée[26]. » Jung a vu une correspondance frappante entre le rêve de sa cliente et l'apparition soudaine de l'insecte. Il constatait une « coïncidence signifiante » entre le travail psychique et celui de la réalité. Le scarabée ou la cétoine lui apparut comme un symbole de renaissance prémonitoire pour sa cliente.

Le Soi androgyne

Le Soi que Jung définit comme « l'image de Dieu » n'est ni du sexe masculin ni du sexe féminin. L'image de Dieu à laquelle il fait référence renvoie au texte de la Genèse : « Dieu créa l'homme à son image... homme et femme il les créa » (*Genèse* 1, 27). Cela laisse entendre que Dieu ne possède pas de sexualité qui lui soit propre, mais qu'il est la synthèse harmonieuse des attributs féminins et masculins.

Le Soi possède donc le caractère d'une androgynie absolue. Par conséquent, celui ou celle qui désire parvenir à la communion avec le Soi devra le faire en développant non seulement les traits de son sexe, mais également ceux du sexe opposé. L'homme devra intégrer son *anima* (sa femme intérieure) et la femme, son *animus* (son homme intérieur).

Le Soi guérisseur

On l'a vu, le Soi joue le rôle d'un principe central organisateur de toute la personne. Par conséquent, il lui appartient d'intégrer et d'harmoniser toutes les dimensions de la personne. Le psychanalyste

---

26 Cité par Y. TARDAN-MASQUELIER, *Jung, la sacralité de l'expérience intérieure*, Paris, Droguet et Ardant, coll. « Repères dans un nouvel âge », 1992, p. 222-223.

zurichois explique la plupart des névroses et psychoses par un manque de coordination entre les orientations conscientes du moi et celles, inconscientes, du Soi. Aussi, le Soi se préoccupe d'établir l'harmonie intérieure ou de la rétablir quand survient un déséquilibre. D'où l'aspect guérisseur du Soi.

D'une façon plus concrète, les thérapeutes constatent que si un objectif consciemment désiré ne peut être atteint par leurs clients, c'est qu'il existe en eux des résistances inconscientes. Ainsi, si une personne désire arrêter de fumer ou maigrir, des blocages inconscients peuvent l'empêcher de réaliser son objectif. Si des déséquilibres existent entre les visées conscientes et celles de l'inconscient, le Soi entre en jeu pour les concilier. Il le fait en créant des symboles intégrateurs qui rétablissent l'harmonie entre les fragmentations de son être.

Jung définit ainsi le Soi guérisseur : « Il est une parfaite *"coincidentia oppositorum"* exprimant sa nature divine. » Effectivement, le Soi intervient entre autres à l'occasion de tensions et de conflits : « [...] l'expérience psychologique montre que les symboles du Soi se présentent dans les rêves et l'imagination active dans les moments où des points de vue opposés s'entrechoquent avec le plus de violence[27] ».

Dans des ateliers sur l'ombre de la personnalité, il m'est souvent arrivé de faire l'expérience de la puissance de guérison du Soi. À l'occasion de l'exercice des symboles opposés[28], je demande aux participants de solliciter la force d'intégration de leur Soi. Et je suis toujours étonné de la richesse des symboles résultant de cet exercice. Ils présentent, chez plusieurs, un caractère sacré et « lumineux » en même temps qu'ils apportent une guérison.

---

[27] C.G. JUNG, *Mysterium conjunctionis*, p. 168.

[28] Cf. J. MONBOURQUETTE, *Apprivoiser son ombre : Le côté mal aimé de soi*, nouv. éd., Ottawa/Paris, Novalis/Bayard, 2001, p. 142.

Le Soi en relation avec l'Univers

Le Soi représente tout un paradoxe : il signifie d'une part « l'être véritable et réel » caché qu'il faut libérer et, d'autre part, le lien avec l'Univers. Il reflète l'individualité dans son unicité, tout en mettant en contact avec l'inconscient collectif. La réalisation du Soi, le « devenir soi-même », accomplit ce qu'il y a de plus personnel et original en soi, tout en reflétant, voire en embrassant l'Univers. Ce qui fera dire à Jung : « Le Soi embrasse infiniment plus en lui-même qu'un simple moi, comme le symbolisme le montre depuis toujours. Il est autant l'autre et les autres que moi. L'individuation n'exclut pas le monde, elle l'inclut[29]. »

Il s'agit ici de la « participation mystique » du Soi avec l'Univers. Qui n'a pas éprouvé, au cours de moments privilégiés, une communion intime avec le monde extérieur, même avec les choses inanimées? Le poète Lamartine décrit cette expérience dans deux vers célèbres :

Choses inanimées, avez-vous donc une âme
qui s'attache à la mienne et qui la force à aimer?

Le Soi permet également d'avoir une attitude « animiste » envers la nature, aux antipodes de l'approche rationnelle et technique, qui vise une maîtrise absolue sur la nature. Le Soi cherche moins à contrôler la nature qu'à collaborer avec elle, à devenir cocréateur. On découvre de plus en plus que le Soi entretient une connexion vivante avec elle. L'écologie moderne s'applique à redécouvrir ce lien vivant.

Parvenu à un âge avancé, Jung a livré cette confidence : « Par moments, je suis comme répandu dans le paysage et dans les choses et je vis moi-même dans chaque arbre, dans le clapotis des vagues,

---

[29]   C.G. JUNG, *Dialectique du moi et de l'inconscient*, Paris, Gallimard, 1964, p. 111.

dans les nuages, dans les animaux qui vont et viennent et dans les objets [...] Ici, il y a place pour le domaine des arrière-plans situés hors de l'espace[30]. »

(Voir les stratégies suivantes : « Créer un symbole du Soi », « Le soin de l'âme », « Prendre soin de son âme et la protéger », « Vivre l'épiphanie du temps présent ».)

---

30   C.G. JUNG, « *Ma vie* » : *Souvenirs, rêves et pensées*, recueillis et publiés par A. JAFFÉ, Paris, Gallimard, 1966, p. 263.

Troisième chapitre

Les rapports de l'ego et du Soi

Ce vieil ego indéracinable

Il était une fois un moine déterminé à anéantir son ego, dans le but de détruire en lui tout élan de vanité et d'amour-propre.

Il décida donc de se vêtir comme un pauvre, de ne jamais parler de lui-même, de ne jamais laisser voir le moindre attachement à sa personne, d'éviter toute originalité et de ne rien posséder qui aurait pu le distinguer des autres.

À tous moments, il surveillait chez lui l'apparition du moindre petit signe de vanité ou d'orgueil. Il se fâchait contre lui-même quand il avait ressenti quelque fierté à porter un vêtement propre; il inventait toutes sortes de ruses pour dérouter tout mouvement d'intérêt porté à sa personne et il refusait carrément tout compliment; il s'efforçait de se distraire pour ne pas penser à lui-même. Il avait presque réussi à éliminer son ego.

Or, dans ses fréquents examens de conscience, il se surprenait à admirer sa pauvreté et à se comparer aux autres dans son dépouillement. Il se trouvait donc trop attaché à son détachement et à son apparence extérieure de sainteté.

Ses vains efforts de mise à mort de son ego le stressaient de plus en plus. Son caractère changeait : le moine devenait de plus en plus irritable; il manquait souvent à la charité fraternelle. Cela l'humiliait énormément.

Finalement, épuisé, il prit la décision d'agir comme tout le monde : il se vêtit convenablement, mangea, accueillit les compliments, parla de lui-même comme les autres moines le faisaient.

Au lieu de s'acharner à déraciner son ego, il se mit à l'aimer.

La mort de l'ego : une condition essentielle à l'estime du Soi?

Doit-on renoncer à l'estime de soi pour acquérir l'estime du Soi? Il existe effectivement, chez certains spirituels, une tendance à considérer l'estime de soi comme un obstacle à la vie spirituelle et à son rayonnement. Aussi les verra-t-on présenter « la mort de l'ego », « la dissolution du moi », « l'absence du moi » ou « la mort à soi-même » comme un idéal spirituel à poursuivre. Or, de telles expressions assassines nuisent gravement à la croissance psycho-logique et spirituelle d'un individu. Par surcroît, elles créent l'illusion de se maîtriser parfaitement, alors qu'elles favorisent au contraire l'orgueil spirituel.

Dans un atelier de spiritualité auquel je participais, l'animateur nous fit vivre un rituel dont le but était de « mettre à mort » notre ego. Le rituel terminé, des psychologues du groupe signalèrent le danger que représentait un tel exercice, notamment pour les participants immatures qui déjà n'avaient pas une grande estime d'eux-mêmes. Ces personnes ne pouvaient guère faire mourir leur ego, elles en avaient si peu que point!

Au risque d'ennuyer le lecteur, je tiens à réaffirmer ici qu'une véritable estime du Soi ne saurait se construire que sur une haute estime de soi, c'est-à-dire sur un ego qui s'estime fortement. À défaut de quoi, la personne sera vouée à demeurer spirituellement immature et à se nourrir de chimères. Edward Whitmont insiste lui aussi sur l'importance d'avoir un soi solide : « Le premier ressort du Soi, écrit-il, demande l'implantation d'un exécuteur, d'un moi conscient fort, capable d'une juste adaptation sociale et doué de valeurs éthiques[31]. »

L'ego, reflet du Soi

Comment définir la relation de l'ego au Soi? Dans son ouvrage *Je et Soi*, John Firman s'y est attaché. Il rejette l'idée de faire de l'ego une extension du Soi, à la manière de la branche d'un arbre ou d'un ruisseau prenant sa source dans un lac. Il considère plutôt l'ego comme l'image du Soi. Le Soi serait la flamme qui se reflète dans un miroir; l'ego en serait le reflet ou l'image. Le reflet doit son existence à la flamme elle-même. Or, dans la mesure où le reflet n'aura pas subi de distorsions, il représentera fidèlement la flamme réelle; il s'identifiera presque avec elle.

Ainsi en est-il de l'ego. Dans la mesure où il reconnaît sa dépendance à l'égard du Soi et qu'il obéit aux orientations de celui-ci, l'ego lui ressemblera de plus en plus jusqu'à être son reflet fidèle, il s'identifiera de plus en plus au Soi. Par ailleurs, si l'ego nie son lien de dépendance à l'égard du Soi, soit par ignorance, soit par suffisance orgueilleuse (*hubris*), il s'éloignera de sa source vitale; il ne s'assimilera plus au Soi. Il ira alors jusqu'à se considérer à tort comme le centre de la vie psychologique, alors qu'il se meut dans l'orbite du Soi. Il ne sera donc plus qu'une image difforme du Soi. Dissocié de sa source créatrice, l'ego finira par s'aliéner le Soi. Conséquence inévitable : il perdra le sens de son existence et s'installera dans une pathologie pouvant aller de la névrose à la psychose.

---

31 E.C. Whitmont, *op. cit.*, p. 220.

Une métaphore sur les rapports entre l'ego et le Soi

La plupart des gens se méprennent sur le rôle de l'ego. Ils le voient au centre même de leur personnalité, en train de diriger leur vie. Un dicton populaire présente l'ego comme une volonté toute-puissante :« Quand on veut, on peut. » Ils se rendent bien compte que ce proverbe n'exprime qu'une demi-vérité le jour où ils subissent un échec en tentant de se libérer d'une dépendance comme celle de la cigarette, de la nourriture, de l'alcool, etc.

Edward Whitmont propose une allégorie éclairante sur les relations entre l'ego et le Soi[32]. Il compare l'ego à un maire qui, à sa grande surprise, découvre l'existence dans sa ville d'une autorité au-dessus de la sienne. Il se sent bouleversé par cette découverte. Il devra dorénavant se soumettre aux ordres d'un pouvoir central mystérieux qui ne parle pas la même langue que lui et qui réside quelque part dans une région lointaine (disons en Asie centrale ou sur la planète Mars). Son désarroi s'amplifie lorsqu'il prend conscience qu'une milice locale, indépendante de sa police municipale, obéit à des lois et à des ordres dictés par cette instance supérieure. Cette situation n'est pas sans lui causer des ennuis et gêne sérieusement la gestion de sa ville.

Qui donc est cette autorité mystérieuse? Quel est ce pouvoir central qui règne sur l'ensemble du territoire? Le lecteur l'aura deviné : il s'agit du Soi.

On serait porté à croire que l'ego conscient a la maîtrise de toute l'activité psychique. Erreur! Car, selon Carl Jung, l'ego dépend du Soi, il tire sa substance et sa croissance du Soi. Ce n'est pas le « je » qui me crée, c'est plutôt le Soi qui me construit. Ce n'est donc pas sans éprouver une certaine angoisse que, tout en restant lui-même, l'ego doit céder la place au Soi, comme nous l'avons vu plus haut.

---

32   *Ibid.*, p. 217.

L'importance du dialogue de l'ego avec le Soi

L'ego doit donc entretenir un dialogue constant avec les « révélations symboliques » du Soi transmises par les rêves et par des expériences-sommets, si confuses et déroutantes soient-elles à ses yeux. Si le « je » conscient fait confiance au Soi et à ses messages symboliques, il s'épanouira davantage, parce qu'en lien avec sa source spirituelle. Les effets bienfaisants que l'ego tirera d'un tel commerce avec le Soi sont les suivants : il se saura accepté et aimé d'une façon inconditionnelle; il se sentira en harmonie avec les profondeurs de lui-même et de l'Univers; il acquerra une sagesse particulière; il pourra se guérir; et, enfin, il découvrira la mission personnelle que l'Univers lui propose.

Le réalignement de l'ego sur le Soi

Il ne faudrait pas croire que d'une part l'ego s'occuperait seulement de la survie de son corps et de sa vie psychique, et que, d'autre part, le Soi serait confiné aux aspects spirituels de la personne. Ce serait en avoir une conception dualiste. Le Soi imprègne et influence tous les aspects de l'ego et toutes ses activités. Il est à la fois immanent et transcendant (voir pages 111-112, Le Soi programmateur de toute la personne).

Pour illustrer l'entrelacement de l'ego et du Soi, je vais recourir à une carte de l'expérience humaine. Elle est empruntée à l'approche de la Programmation neurolinguistique, notamment au philosophe Gregory Bateson. Cette carte décrit les niveaux logiques d'apprentissage propres à l'ego et au Soi. Nous en reprenons ici la description ainsi que la coordination.

Le domaine de l'ego proprement dit

L'ego, sous l'influence du Soi, exerce son pouvoir sur les niveaux d'apprentissage suivants :

Le milieu

L'ego a la liberté de choisir son milieu de vie : par exemple, ses vêtements, la salubrité de son environnement contre la pollution, la beauté et l'aspect décoratif de son milieu, la classe de gens qu'il désire fréquenter, le degré convenable de température, l'air ambiant, etc.

Les comportements

Il a le contrôle de ses comportements : élégance des gestes, posture bien campée, équilibre physique, efficacité de sa respiration, légèreté de la démarche, savoir vivre en société, apprentissage de la relaxation, etc.

Les habiletés exercées à l'aide de stratégies

En Programmation neurolinguistique, l'ego gère les habiletés mentales et l'organisation des systèmes de représentations externes et internes, à savoir ceux du visuel (V), de l'auditif (A), du kinesthésique (K), de l'olfactif (O) et du gustatif (G).

On appelle « stratégie » la façon d'organiser les systèmes de représentations de façon à pouvoir accomplir une tâche avec succès. Par exemple, pour utiliser une excellente méthode d'épellation, on doit d'abord visualiser le mot dans sa tête (V), le scander par une sous-vocalisation (A) et faire une vérification émotive pour avoir le sentiment qu'on a réussi à l'épeler correctement (K). Il existe ainsi diverses stratégies pour effectuer des tâches avec excellence.

Comptant sur sa tendance à s'estimer et à l'aide d'exercices appropriés, l'ego fera usage de la diversité de ses sens externes et cherchera à en développer l'acuité : la vision, l'audition, le toucher, le goût, l'odorat. De même, il a la capacité d'affiner sans cesse la conscience et le développement des perceptions internes : par exemple, la variété et la richesse de ses images, la qualité de ses dialogues intérieurs, la conscience plus vive de ses émotions et une capacité plus grande de les exprimer.

L'ego d'une personne a ainsi la possibilité de mettre en œuvre des stratégies efficaces, que nous avons présentées dans la première partie. Nous en reprenons ici l'énumération :

- Toute personne pourrait réussir à s'apprécier comme personne, si elle...
    se voit aimée et aimable
    se dit aimée et aimable
    se sent aimée et aimable
    s'applique à défaire les fausses perceptions qu'elle a d'elle-même et à s'en donner d'autres.

- Elle pourra accomplir telle ou telle tâche ou projet si elle...
    se voit réussir
    se dit capable
    se sent confiante
    s'applique à défaire les fausses conceptions d'elle-même qui nuisent à son agir pour les remplacer par des conceptions plus appropriées et plus efficaces.

- En s'aimant et en ayant confiance en sa compétence, elle pourra s'exercer à l'affirmation d'elle-même.

Les croyances et les valeurs

L'ego a également la capacité d'évaluer les croyances acquises à son sujet, au sujet des autres et de la vie en général. Il a en plus la capacité de remplacer les croyances nuisibles ou limitantes en des croyances plus épanouissantes pour lui, les autres et la vie. Par exemple, un homme qui entretient la croyance qu'il est né pour un petit pain a le pouvoir de transformer cette conviction en se disant : « Je suis né pour le bonheur et le succès. »

Le domaine du Soi

Le Soi, chargé de sauvegarder l'identité de la personne

Le Soi préserve l'identité de la personne en refaisant l'organisation et l'unité des parties qui la composent, c'est-à-dire les sous-personnalités. Il se préoccupe en particulier de voir à la réintégration de l'ombre de la personne, soit les parties mal-aimées d'elle-même qu'elle a refoulées dans l'inconscient et projetées sur autrui.

Les manifestations du Soi, comme nous l'avons écrit, prennent la forme de symboles, entre autres de symboles intégrateurs. Ces symboles sont chargés de regrouper et d'harmoniser les parties fragmentées et éparses de la personnalité.

Le Soi, créateur d'expériences spirituelles

Le Soi, qu'on a identifié à « l'âme habitée par le divin » ou encore à « l'image du divin en soi », se laisse découvrir dans des expériences-sommets, souvent de caractère symbolique. Ces poussées du Soi dans le champ de la conscience se manifestent entre autres :

- par le sentiment d'être aimé d'une façon inconditionnelle;

- par la recherche d'une sagesse donnant un sens à sa vie et à sa mort;

- par la guérison des malaises que suscitent la réconciliation et l'harmonisation d'éléments conflictuels de la personnalité;

- par la découverte de sa mission personnelle.

Conclusion

Retenons que l'ego se croit le maître de la personne, mais qu'en réalité, le Soi mène subtilement l'ego. Il est tragique que plusieurs ignorent l'existence en eux du Soi et vivent au niveau de l'ego. Certes, l'ego a son domaine propre d'activités, mais il est toujours soumis aux directives discrètes du Soi. Quand l'ego ignore ou même s'insurge contre les orientations du Soi, il y a déséquilibre et danger que se développent alors des maladies d'ordre physique, psychologique ou spirituel. L'ego n'a pas d'autre choix que de se convertir à la direction du Soi sous peine de dépérir.

Quatrième chapitre

Conversion de la perspective de l'ego à celle du Soi

Le Soi n'est pas autre chose que cet « au-delà de soi »,
cet inassouvissement de l'être jamais entièrement réalisé,
bien que constamment aimanté vers la complétude.

Ysé Tardan-Masquelier

Le passage de l'estime de soi à l'estime du Soi, c'est-à-dire de l'ego au Soi, est une œuvre de collaboration et non d'opposition. En effet, l'estime du Soi ne se bâtit pas sur la destruction de l'estime de soi. Au contraire, il existe une continuité entre les deux réalités. Les valeurs acquises de l'ego doivent être mises sous la conduite du Soi. Comment réaliser ce passage?

Loin de moi l'ambitieux projet de dresser une liste exhaustive de tous les changements d'attitudes, fruits du passage de l'influence de l'ego à celle du Soi. Je signalerai tout de même certaines des applications concrètes de cette continuité entre l'ego et le Soi. Mon intention ici est d'explorer les transformations qu'entraîne la conversion de l'ego au Soi, en particulier celles qui rejoignent l'intérieur de la personne, ses relations sociales et ses liens avec l'Univers.

Manifestations intérieures de l'estime du Soi

L'estime du Soi et la conversion de la personne à la vie intérieure

Pour moi, le voyage spirituel consiste à revenir au commencement de nous-mêmes, c'est-à-dire à l'expérience de l'Être.

Richard Moss

La vie spirituelle consiste à explorer toujours davantage son intériorité, c'est-à-dire à prêter attention à l'émergence de sa vie intérieure — à savoir son monde d'images, de rêveries, de rêves, de visions créatrices —, puis aux dialogues intérieurs et, enfin, à ses émotions et ses sentiments. Pas facile d'entrer en soi et d'y laisser « advenir » à la conscience les flots envahissants et bousculants d'images, de paroles et d'émotions. La plupart des gens préfèrent demeurer à l'extérieur d'eux-mêmes. Ils résistent à accueillir les messages intérieurs : ils se distraient dans l'agitation et se divertissent; ils s'ingénient à faire taire des états d'âme qui contrarieraient leurs habitudes ou leurs désirs. Comme l'affirmait Dom Henri Le Saux : « Être sage, c'est "se re-cueillir" et se fixer au lieu d'où tout jaillit, c'est l'acte le plus saint, et c'est cela l'amour, c'est cela la sagesse, c'est cela l'union[33]. »

La méditation est sans doute le principal moyen susceptible de favoriser la prise de conscience de son intériorité. Pour garder l'attention fixée à l'intérieur de soi, la méditation s'appuie sur la prise de conscience des rythmes respiratoires ou la répétition d'un mantra. Ensuite, elle permet de laisser émerger à la conscience le flot de paroles, d'images et d'émotions, en se gardant bien de se concentrer sur l'une d'entre elles. On les laisse donc passer, un peu comme si on observait des nuages dans le ciel bleu. On apprend alors à se distancier

---

33   H. LE SAUX, *Éveil à Soi, éveil à Dieu : Essai sur la prière*, Paris, Œil, 1986.

des phénomènes intérieurs et à garder un certain contrôle sur leur emprise. On acquiert ainsi la capacité d'entrer dans une attitude « zen » de détachement intérieur, pour une plus grande liberté. C'est la pratique présentée dans le Yoga sûtra : « En observant le mouvement de la respiration, son amplitude et son rythme, on obtient un souffle allongé et subtil. Alors ce qui cache la lumière se dissipe, et l'esprit devient capable de se concentrer[34]. »

L'estime du Soi et les expériences-sommets

L'ego se satisfait de la routine quotidienne, des nécessités de la vie physique et de ses habitudes. Il vit à un niveau de conscience ordinaire que les spirituels comparent à une léthargie ou à un sommeil. Les expériences-sommets constituent des réveils soudains de l'ego, des percées imprévues du Soi. Elles possèdent un caractère d'absolu et non de moyen.

On ne peut pas se préparer à l'avènement de l'expérience-sommet; elle arrive d'une façon imprévisible à l'occasion d'une recherche, d'un questionnement, d'un choc physique, d'un grand dénuement psychologique, etc.

Abraham Maslow a été l'un des premiers à s'intéresser d'une façon scientifique aux expériences-sommets. Il a réalisé une enquête sur ce phénomène auprès de 190 étudiants, à qui il a posé la question suivante : « J'aimerais savoir ce que vous pensez de la plus merveilleuse expérience de votre vie : moment de bonheur, moment d'extase, moment de ravissement; expérience que vous avez faite peut-être en étant amoureux, ou en écoutant de la musique, ou en étant soudain fasciné par un livre ou un tableau, ou bien au cours d'une période de création[35]. » Il s'agit dans tous ces cas d'expériences soudaines et exceptionnelles d'émerveillement et de joie inouïe, de

---

34 Cité par Y. TARDAN-MASQUELIER, « Maximes de vie », *Actualité des Religions*, nº 36, mars 2002, p. 25.

35 A.H. MASLOW, *Vers une psychologie de l'Être*, Paris, Fayard, coll. « L'expérience psychique », 1972, p. 81.

béatitude imprévue, de sentiments océaniques, incontrôlables et transcendants, hors de la portée de l'ego. Maslow concluait ses recherches par la réflexion suivante : « Tout individu qui réalise à un moment donné une expérience paroxystique a temporairement les caractéristiques que j'ai rencontrées chez les personnalités en cours de réalisation de soi[36]. »

Au cœur de l'expérience-sommet, la personne éprouve un sentiment qui se distingue d'une simple perception, d'une idée ou d'une émotion passagère. Un tel sentiment crée une communion avec l'objet et une sensation d'infini. On est en contact avec une réalité transcendante : un amour, une lumière, une beauté, l'existence, etc.

Ces expériences imprévisibles sont plus courantes qu'on pourrait le croire. Pour s'en convaincre, on n'a qu'à se reporter entre autres à un éditorial de David Hay et Kate Hunt[37]. Les auteurs y rapportent l'existence étonnante d'expériences spirituelles en Grande-Bretagne. Une enquête récente de la BBC montre que plus de 76 % de la population a témoigné avoir déjà fait une expérience spirituelle et religieuse. Malheureusement, la plupart des gens ne sont pas conscients de vivre des expériences-sommets et n'en exploitent pas les ressources qui leur permettraient de mieux vivre et de grandir.

(Voir la stratégie « Décrire et valoriser les expériences-sommets ».)

L'estime du Soi et l'abandon spirituel

Le recours à la force spirituelle du Soi s'avère nécessaire dans plusieurs activités de la vie courante, notamment quand il s'agit de guérison. Il y a une grande sagesse à savoir discerner les moments où l'on doit agir d'une manière volontaire et les moments où l'on doit s'abandonner à la force du Soi. Voici, par exemple, deux

---

[36] *Ibid.*, p. 111.

[37] D. Hay et K. Hunt, « Is Britain's Soul Waking Up? Viewpoint », *The Tablet*, 24 juin 2000, p. 846.

obsessions parmi tant d'autres que les efforts volontaristes de l'ego sont impuissants à résoudre : la dépendance et le travail de l'ombre.

Les efforts de la volonté déployés pour surmonter une dépendance de l'alcool, de la drogue, de la cigarette ou de nourriture s'avèrent inutiles si l'on ne s'abandonne pas à la force spirituelle du Soi. La philosophie des Alcooliques anonymes soutient avec raison que, pour stopper sa dépendance de l'alcool, il faut s'en remettre à une force spirituelle plus grande que l'ego. C'est justement par l'abandon au Soi que l'on parvient à se libérer de pareils esclavages.

De même, quand on découvre chez soi une ombre non intégrée, on doit s'abandonner à la force d'intégration du Soi. Supposons que j'éprouve une forte antipathie à l'égard d'une personne. Si je la considère très agressive à mon égard, c'est que j'exagère indûment ce trait. Mon exagération dénote que je projette inconsciemment sur elle ma propre agressivité, que j'ai toujours tenté de refouler. Je ne suis pas conscient qu'il s'agit de ma propre agressivité projetée sur la personne. C'est un peu comme si je voyais ma propre agressivité dans le miroir; je la déteste, car elle est à l'opposé de la douceur extrême que mon entourage aime bien chez moi et que j'ai pris la peine de bien cultiver en moi. Si je finis par reconnaître que ma vision était quelque peu troublée par cette projection, je me dis : « Pourquoi donc est-ce que j'accorde une telle importance à cette personne agressive? Pourquoi m'obsède-t-elle constamment? »

Si, par bonheur, je prends conscience que c'est ma propre agressivité refoulée, mon ombre, qui se reflète sur l'autre, je n'aurai d'autre choix que de faire appel au Soi pour la réintégrer. Seul le Soi, grâce à sa force unificatrice, a la capacité de concilier mon extrême douceur et mon agressivité refoulée. En conséquence, je pourrai dorénavant exercer ma grande douceur et mon agressivité, selon les circonstances.

L'estime du Soi et la recherche de sa mission

Mon ouvrage *À chacun sa mission* distingue mission et travail ou emploi. La mission a une dimension plus grande qu'un simple travail. Dans un emploi, l'ego cherche à répondre aux nécessités de la vie et à se faire une place dans la société. Le Soi, par ailleurs, pousse à adopter sa mission personnelle; il inspire « le rêve de son âme », qui se définit par une passion profonde pour une activité spécifique pratiquée pour le bien de la communauté.

Il arrive que des gens soient placés devant une alternative : un travail ou leur mission. Opter pour sa mission, pour ce qui vient combler une aspiration profonde, implique souvent de renoncer à certains des avantages d'un bon emploi : notoriété, prestige, richesse, sécurité, confort, satisfaction immédiate. Mais ces sacrifices sont faciles à faire, si on pense au bienfait ressenti lorsqu'on a la chance de se réaliser avec un enthousiasme constant dans sa mission. La situation idéale serait bien sûr de trouver une activité permettant à la fois de réaliser sa mission et de gagner sa vie.

(Voir la stratégie « Découvrir sa mission ».)

De la complexité de l'ego à l'unité et à l'harmonie du Soi

> *Quand des milliers de choses sont perçues dans leur unité,*
> *nous retournons à l'origine*
> *et nous restons où nous sommes toujours demeurés.*
> Le Maître Zen Sengstan

L'ego conscient est souvent tiraillé par une multitude d'émotions contradictoires (« je l'aime et je le hais en même temps »), de désirs incompatibles (« j'ai le goût de l'aventure, mais j'aime bien mon confort »), d'attitudes opposées (« je désire être compatissant pour les étrangers, mais je me méfie d'eux »), d'objectifs que mes comportements contredisent (« je veux maigrir et arrêter de fumer, alors que je mange davantage et que je continue de fumer »), etc.

Ces contradictions apparentes et ces tiraillements, l'ego est incapable de les solutionner. Il doit recourir à l'aide d'une instance supérieure, celle du Soi, qui résoudra les conflits. La vision globale du Soi et sa puissance unificatrice réussira à faire des fragmentations de l'ego des éléments complémentaires. Entre les complexes qui détruisent l'unité de l'ego, le Soi trouvera un symbole conciliateur. C'est la fonction de la *reconciliatio oppositorum* (la conciliation des opposés), fonction maîtresse du Soi dans le processus de l'individuation de soi-même ou dans le « devenir pleinement Soi-même ».

Nous reviendrons un peu plus loin (p. 164-167) à l'ego fragmenté et nous décrirons la technique visant l'harmonisation des parties opposées.

L'estime du Soi et l'élimination de la crainte

> *Il ne faut avoir peur ni de la pauvreté,*
> *ni de l'exil, ni de la prison, ni de la mort,*
> *mais il faut avoir peur de la peur.*
>
> Épictète

« Devenir spirituel, c'est éliminer progressivement ses peurs », disait un sage à ses disciples. L'ego vit continuellement dans la peur : peur de manquer de l'essentiel; peur de n'être ni accepté, ni apprécié, ni admiré, ni aimé. Et son plus grand effroi, c'est de mourir. Par ailleurs, le Soi vit hors du temps; il est en contact avec des réalités immuables, telle l'intelligence créatrice de l'Univers. Il jouit d'une vision au-delà de la mort. En fait, il traverse sans broncher les adversités de la vie et même la certitude de la mort.

Alors que l'ego est pris de panique à la pensée de la mort, le Soi se fait rassurant, car il sait mourir et il se prépare à une autre vie. C'est la conclusion que Maria Von Franz a tirée de ses études sur les rêves de personnes en phase terminale. Leurs rêves, venant de leur Soi, contenaient des symboles de renaissance. Leur inconscient leur signalait ainsi qu'il existait un au-delà[38].

---

[38] M.-L. von FRANZ, *On Dreams and Death : A Jungian Interpretation*, Boston, Shambhala, 1987, p. 24-40.

L'estime du Soi et l'acquisition d'une plus grande autonomie

Moins l'ego de l'individu est assujetti au regard des autres, à leur approbation, à leur admiration, plus il devient autonome et plus il se fie à la sagesse du Soi. Il se libère peu à peu des contraintes de son statut social et financier, de l'opinion de son entourage et de sa culture. Affranchi des diktats imposés par le milieu et des sollicitations de la mode et de la publicité, il se laisse davantage guider par les intuitions et les orientations du Soi.

Manifestations de l'estime du Soi dans les relations humaines

Commencer par soi, mais non finir par soi;
se prendre pour le point de départ, mais non pour le but;
se connaître, mais non se préoccuper de soi-même.

Martin Buber

Par ma pratique, j'ai pu observer les effets sociaux bienfaisants de l'estime du Soi : un amour inconditionnel de soi-même et des autres, la guérison intérieure, la sagesse et la mission en faveur de la communauté, etc.

Le passage de l'estime de soi à l'estime du Soi se reflète par les améliorations sociales suivantes.

Sous la mouvance du Soi, une personne a moins peur, se sent plus en sécurité, se montre moins sur la défensive. Elle a plus d'audace pour se faire connaître sous son vrai jour; elle craint moins de révéler sa vulnérabilité dans ses relations humaines, et notamment auprès de ses amis. Elle cultive une intimité, sans crainte de dévoiler son intériorité et même ses faiblesses.

Elle se montre plus disposée à recevoir avec gratitude qu'à donner; bien que devenue généreuse, elle n'en profite pas pour exercer un subtil pouvoir sur les gens.

Elle ne sent plus le besoin de se comparer aux autres; elle sera davantage elle-même dans ses rapports humains. Devenue moins compétitive, elle s'intéresse aux autres dans une réelle solidarité.

Elle recherche surtout des relations vivifiantes; elle évite d'entretenir des relations mondaines et utilitaires en vue d'obtenir reconnaissance, adulation, faveurs, etc.

Elle perd le goût de juger les autres selon des critères subjectifs; elle s'abstient de les condamner parce qu'elle a conscience de ne pas connaître toutes leurs intentions et leurs motivations.

Enfin, l'estime du Soi, qui apporte la guérison intérieure et un surcroît d'amour à la personne, sera source de compassion et de pardon pour soi et pour les autres.

Manifestations de l'estime du Soi dans ses rapports à l'Univers

> *La prière commence quand le pouvoir finit.*
> Rabbi Abraham Heschel

L'estime de Soi et l'approche de l'intention créatrice

Albert Einstein, ce grand physicien, posait un jour cette question : « Considérez-vous l'Univers comme amical ou hostile? » C'était sa façon à lui de séparer les optimistes des pessimistes. Quand on a, en vain, pris tous les moyens possibles pour accomplir une tâche ou réussir un projet, il ne reste plus qu'à faire confiance à la surabondance de l'Univers. C'est une attitude propre à l'estime du Soi que de s'abandonner à une Intelligence universelle plutôt que d'entretenir une attitude défaitiste.

Une de mes amies, directrice d'un collège, cherchait du personnel pour un programme académique. Elle avait réussi à embaucher six professeurs, mais il lui en manquait encore deux. Elle avait beau se casser la tête et faire de la publicité, elle n'arrivait toujours pas à compléter son personnel. Au lieu de s'acharner dans cette démarche et de se crisper davantage, elle a tout simplement reconnu son impuissance et a eu recours à la Providence. Le lendemain, elle avait trouvé les deux candidats qu'il lui manquait.

L'intention créatrice est une stratégie spirituelle consistant à exposer son besoin d'une façon très concrète à l'Intelligence de l'Univers (certains la nomment Dieu). La présentation détaillée d'un besoin ou d'un projet amènera la personne à se tenir à l'affût de toutes les occasions favorables à sa réalisation. Une fois qu'on aura exposé son besoin ou son projet à l'Univers, il est important que l'ego cesse de s'en préoccuper et qu'il se détache de sa demande, comme si ce n'était plus de son ressort.

L'intention créatrice fait écho à la façon de prier enseignée par Jésus et rapportée par Marc dans son évangile : « C'est pourquoi je vous dis, tout ce que vous demanderez en priant, croyez que vous l'avez déjà reçu, et cela vous sera accordé » (*Marc* 11, 24). Un médecin me confiait que le taux de guérison chez ses patients avait augmenté depuis qu'il prenait un moment de méditation pour demander leur guérison; il les voyait en train de guérir. Ce faisant, il enlevait en lui toute ambivalence, toute tentation inconsciente de garder son patient dépendant et de se considérer comme l'unique responsable de la guérison.

(Voir la stratégie « S'initier à l'intention créatrice ».)

L'estime du Soi et la « simplicité volontaire »

Passer de l'estime de soi à l'estime du Soi signifie aussi être davantage en communion avec l'Univers, c'est-à-dire plus sensible à sa conservation dans un esprit écologique. Depuis les années 1980, il existe un mouvement nommé « la simplicité volontaire ». Il a pour but de favoriser l'écologie en combattant la surconsommation, l'épuisement des ressources de la planète et la pollution mondiale. Il invite les personnes à devenir responsables et respectueuses de l'environnement. Il promeut le partage des ressources naturelles au bénéfice de toute la collectivité et des générations futures.

Ce mouvement s'inspire d'une spiritualité basée sur l'estime du Soi. Pour de plus amples renseignements, nous renvoyons à l'excellent ouvrage de Serge Mongeau, *La simplicité volontaire, plus que jamais*[39].

L'estime du Soi et l'adoption d'une vision spirituelle du monde

> *Tout problème perd de sa force*
> *dans la mesure où vous développerez*
> *l'habitude d'être calme, de regarder et d'observer*
> *l'harmonie divine se révéler.*
>
> Joël S. Goldsmith

L'estime du Soi offre une perspective plus large des situations pénibles et des problèmes. Elle place ces événements malheureux dans un contexte plus vaste, au point qu'ils perdent de leur intensité et, parfois, acquièrent même un sens positif. C'est ce qu'on appelle « un recadrage spirituel ». Au lieu de sombrer dans le désespoir, il est en effet possible de découvrir un sens positif à n'importe quel événement, si mauvais soit-il. Il s'agit de faire appel au Soi et de chercher lumière et réconfort chez des penseurs ou des spirituels.

Le recadrage spirituel est également possible par le biais de l'intention positive. Je suis toujours surpris des résultats obtenus par l'application de la méthode appelée « Transformation au cœur de soi ». Elle consiste à faire appel aux motivations positives qui se cachent dans n'importe quel défaut, perversité ou obsession. Pour les identifier, je demande au patient quelle intention il poursuivait à travers son comportement destructeur. Grâce à une série de questions permettant de cerner de plus en plus l'intention positive, on arrive à déterrer un motif spirituel premier qui, à cause de circonstances malheureuses, est resté enfoui et a alimenté le comportement nocif.

---

[39] S. MONGEAU, *La simplicité volontaire, plus que jamais*, éd. revue et augm., Montréal, Éditions Écosociété, 1998.

Prenons par exemple le cas de cette personne souffrant d'alcoolisme. Je l'ai questionnée sur son intention positive : « Qu'est-ce que t'apporte le fait de boire? » Elle m'a répondu : « Une grande détente dans ma vie! » J'ai poursuivi le questionnement sur l'intention positive : « Qu'est-ce que t'apporte une grande détente? — Quand je vis une grande détente, je deviens enfin moi-même, car j'ai toujours voulu répondre aux aspirations de mon père. »

On parviendra ainsi à découvrir le désir d'infini et de sacré montant du fond de l'être, du Soi. Ce désir d'absolu resté camouflé peut se révéler sous diverses formes : un sentiment profond d'unité intérieure, le sentiment d'être soi-même, la découverte d'une paix inaltérable, le sentiment d'être accepté comme on est, d'être aimé et d'aimer[40].

Teilhard de Chardin avait raison d'affirmer : « Nous sommes des êtres spirituels qui parfois font l'expérience de l'humanité. »

(Voir la stratégie « Adopter la transformation au cœur de soi ».)

Conclusion

Je voudrais ici résumer les attributs de l'ego et du Soi, en mettant en parallèle les caractéristiques d'une personne qui serait sous la conduite de l'ego et celles d'une autre qui serait sous la mouvance du Soi.

---

40 C. ANDREAS et T. ANDREAS, *Core Transformation : Reaching the Wellspring Within*, Moab, Utah, The Real People Press, 1994, p. 19.

EGO	SOI
Poursuit des buts à l'aide d'efforts volontaires	Accueille l'éveil spirituel et les expériences-sommets
Est motivée par la survie et la peur de manquer de quelque chose	S'ouvre à l'abondance de la création
Utilise son intelligence et ses habiletés d'une façon pratique	Rayonne par son amour, sa sagesse, son harmonie intérieure, sa mission
A une histoire, faite d'événements, qui se déroule dans l'espace et le temps	S'exprime par des symboles et des mythes universels et intemporels
Est tiraillée par des tendances contraires	Recherche la paix et l'harmonie intérieure
Vise la compétence, la maîtrise de soi et de son entourage	S'abandonne à une Intelligence divine
Cherche à retenir ses acquis	Cherche le détachement
Compte sur les efforts de sa volonté, de son audace et de sa persévérance	Se confie à la Providence
Progresse grâce à des efforts personnels	S'ouvre à l'action de la grâce qu'elle découvre à chaque instant
Porte un masque social, une *persona* et se compare aux autres	Est présence aux autres et à l'Univers
Recherche la compétition	Vise la collaboration et la solidarité
Est angoissée par la pensée de mourir	Sait comment mourir et a la conviction de renaître

Cinquième chapitre

La voie négative pour atteindre le Soi

Nous serions comme des sculpteurs qui se préparent à sculpter.
Ils enlèvent chaque obstacle à la vision pure de l'image cachée,
et simplement par cet acte de nettoyage,
ils montrent la beauté qui est cachée.

Pseudo-Dionysios

L'activité de la voie négative permet le déblayage des attachements inutiles pour que l'action du Soi puisse enfin s'exercer. C'est la raison d'être de tout dépouillement. La voie négative demeure difficile à comprendre. Toute paradoxale qu'elle paraisse, la voie négative ne conduit pas à la stérilité et à la mort, mais à la fécondité et à la libération des forces du Soi.

Comment entrer dans cette voie négative? Une personne doit prendre conscience de ses expériences de pertes, les identifier et en faire le deuil. Cette voie sûre conduit effectivement à l'estime du Soi et à son rayonnement. Au lieu donc de nier et de refouler les dépossessions normales et accidentelles subies dans la vie, il importe de les accueillir. On apprend à suivre la voie négative à mesure qu'on

« fait ses deuils »; ce sont des passages douloureux mais transitoires permettant de faire émerger une vie plus intense. En effet, la sensation de vide et de néant qu'on éprouve, si elle est bien comprise et gérée, conduit éventuellement à la plénitude de l'expérience du Soi.

En plus de la nécessité de faire les deuils inévitables de la vie, je présenterai également dans ce chapitre d'autres approches plus « proactives » comprises dans la voie négative. Il s'agit du processus de désidentification, cher à l'école de la Psychosynthèse, qui dépouille la personne de ses identités superficielles; de la réintégration des ombres, qui implique de « faire le sacrifice » de son ego; enfin, des détachements délibérés, autant de sacrifices autorisant la poursuite d'un idéal.

Faire ses deuils

> *La musique a besoin des trous de la flûte;*
> *les lettres ont besoin du blanc du papier;*
> *la lumière a besoin du vide des fenêtres...*
> J. Vernette et C. Moncelon

Le chemin spirituel est impossible sans un continuel « lâcher-prise »

La vie humaine est parsemée de pertes. Dès la naissance et jusqu'à la mort, une personne traverse une succession de pertes : pertes d'abord inévitables, à l'occasion des passages de la vie; puis, pertes imprévues causées par la maladie, les séparations, les accidents, les handicaps, etc.

Bien vivre ces pertes requiert une forte estime de soi. S'il est mal vécu, le deuil conséquent à toute perte, voulue ou non, conduit le plus souvent à des troubles d'ordre physique et psychologique, voire à des malaises psychiques et à des impasses spirituelles. C'est le cas des deuils vécus par des personnes à faible estime d'elles-mêmes. Elles vivent leurs deuils d'une façon névrotique : par exemple, elles restent trop attachées aux êtres disparus et au passé; leur vie semble s'être arrêtée; elles cultivent avec acharnement l'illusion de pouvoir faire revivre les êtres chers disparus; leur croissance psychologique se coince et leur évolution spirituelle stagne.

Il n'en est pas ainsi pour une personne qui s'aime et a confiance en elle-même. Elle est capable de se détacher des êtres chers et des situations révolues. Elle ne les oublie pas, certes, mais elle construit une nouvelle et saine relation avec eux. Chez elle, le processus du deuil sert à décaper son ego des attachements fusionnels et à établir de nouveaux liens spirituels avec les disparus.

Pourquoi l'ego a-t-il peur de faire ses deuils?

Ce que la chenille appelle la fin du monde,
le reste du monde l'appelle un papillon.

Richard Bach

Dans le deuil, il importe de distinguer le travail de l'ego et celui du Soi. Je me permets de renvoyer le lecteur à mon livre *Aimer, perdre et grandir*, dans lequel je présente les étapes du deuil. Je me contenterai ici d'identifier ce qui appartient à l'ego — à l'estime de soi — et ce qui relève du Soi.

La tâche de l'ego dans la résolution d'un deuil consiste à ne pas se laisser engloutir par le système de défense mis en place pour survivre à la perte. En effet, l'ego a peur de mourir; il cherche donc à se protéger en déclenchant de puissants mécanismes de défense. Les thérapeutes du deuil parlent alors de choc, de déni cognitif et de déni affectif. Quand l'ego devient plus vivement conscient de la perte et de son impuissance, il abandonne progressivement les formes de blocages de son deuil et s'enfonce dans l'expression de toutes sortes d'émotions telles la tristesse, l'impuissance, la colère, la culpabilité, la libération et la détresse lors de la pleine conscience de la perte. Il vit alors des états dépressifs et de régression.

La personne endeuillée douée d'une grande estime d'elle-même se donne le droit de vivre et d'exprimer ses émotions et ses sentiments; elle en possède toute la gamme, pas seulement quelques-uns; elle compte sur sa force intérieure pour se permettre de régresser temporairement et de vivre une dépression passagère. Elle accepte une petite « mort », en étant plus consciente d'avoir à se détacher de l'être cher ou de la situation qui lui tient à cœur. Mais elle se rend bien compte qu'elle ne peut résoudre son deuil sans le secours du Soi qui l'accompagne toujours dans sa détresse.

Le Soi apporte l'espoir d'une renaissance

La mort ne détruit pas
les liens tissés dans une vie.
Elle les transforme.

Jean Monbourquette

Nul ne peut mourir à ses amours s'il n'entrevoit pas l'espoir de renaître à nouveau et de rétablir des liens spirituels avec les êtres chers disparus. Sinon, c'est le désarroi complet devant l'absence, le néant, le vide souvent comparé à une nuit obscure. Dans cet état pénible, le Soi a pour rôle de soutenir l'endeuillé dans son travail de deuil, car il sait qu'il est immortel et que la situation de deuil, toute douloureuse qu'elle soit, n'est qu'un passage. Le Soi réconforte toujours l'ego de l'endeuillé au beau milieu des affres du détachement.

Au cours des thérapies de deuil, j'ai souvent rencontré des gens qui vivaient des situations dramatiques. En racontant leur deuil, certains se sentaient envahis par des images telles un trou noir, un désert stérile, un paysage ravagé, le fond d'un lac, etc. Je les encourageais à entretenir leur imagerie et à s'identifier avec elle. Après quelques moments de panique, leurs images se transformaient en rayons de lumière, en plaine verdoyante, en paysage vivifiant, en lac peuplé de poissons et de plantes aquatiques, etc. Ces transformations sont l'œuvre du Soi, qui fait renaître les endeuillés à une vie nouvelle.

Parfois, mes clients en deuil expérimentaient un état d'immense détresse; ils vivaient la douleur de mourir avec l'être aimé et éprouvaient même les symptômes qui avaient amené sa mort. Je les accompagnais dans cette « mort symbolique » jusqu'à ce qu'ils l'aient vécue totalement. Je constatais alors infailliblement l'intervention du Soi les réconfortant, les pacifiant et leur donnant la sensation de revivre.

(Voir la stratégie « Travailler le deuil ».)

La désidentification

> *Le voyage spirituel consiste à revenir*
> *au commencement de nous-mêmes,*
> *c'est-à-dire à l'expérience de l'Être.*
>
> Richard Moss

Nous le savons, le Soi, l'identité profonde de la personne, ne se laisse pas saisir pleinement par le moi conscient. La désidentification est un exercice fondamental de l'école de la Psychosynthèse créée par Roberto Assagioli. Elle consiste à découvrir ce que le Soi n'est pas, à « intuitionner » son identité réelle en dégageant tout ce qui ne fait pas partie de sa véritable identité, celle du Soi. Elle permet de lâcher prise, d'abandonner les fausses identités, toutes celles dont on s'est affublé, croyant à tort qu'elles faisaient partie intégrante de son être.

Le responsable de ces fausses identités, c'est souvent l'emploi abusif du verbe *être*. Cette manière trompeuse de parler de soi fait s'identifier à tort à des qualités, à des défauts ou à des rôles non essentiels à son identité profonde. Ainsi, on dira communément « Je *suis* généreux », « Je *suis* timide », « Je *suis* travaillant », « Je *suis* alcoolique », pour signifier que « *J'ai* la qualité de la générosité », « *J'ai* le défaut de la timidité », « *J'ai* la vertu de bon travailleur », « *J'ai* une propension à l'alcool ». On s'emprisonne ainsi dans des qualités ou des défauts, des rôles sociaux, des statuts professionnels, etc., qui n'ont rien à voir avec son identité réelle.

Examinons quelques-uns des effets bienfaisants de cet exercice de désidentification. Si j'ai une migraine, par exemple, il est important de ne pas m'identifier à elle, comme si tout mon être était devenu une migraine. Je dirai donc : « J'ai une migraine, mais je ne suis pas ma migraine. » Le fait de respecter cette distinction favorise une meilleure maîtrise de la douleur. La même règle s'applique dans le domaine émotionnel. Lorsqu'à l'occasion d'une déception je me dis : « J'ai une déception, mais je ne suis pas ma déception, car je suis plus que ma déception », je me « désidentifie » d'avec elle. J'évite donc de croire ou de laisser croire que tout mon être n'est que tristesse ou peine. Cet exercice permet de créer un espace de paix et une liberté devant un mal physique ou un état d'âme pénible.

La pratique régulière de la désidentification créera un détachement salutaire des attributs qu'on croit avoir et qu'on s'est laissé convaincre d'avoir. Cette forme de méditation qu'est la désidentification fera prendre une distance psychologique face aux problèmes et permettra une plus grande maîtrise de soi. Une telle pratique conduira à une attitude d'abandon comparable à celle pratiquée par les adeptes du Zen.

(Voir la stratégie « Rechercher l'identité profonde par la désidentification ».)

Réintégrer son ombre ou le sacrifice de l'ego

> *Le fumier fait partie de la fleur.*
> *Il est un chaînon de la vie qui passe de la nuit à la lumière.*
> *C'est par le fumier que la rose parvient à sa plénitude.*
> *La fleur, c'est le fumier qui a été aimé.*
> Placide Gaboury

L'ombre au secours de l'estime de soi

Dans la première partie de cet ouvrage, consacrée à l'estime de soi, à la confiance en soi et à l'affirmation de soi, nous avons montré la possibilité pour l'ego de jouir d'une plus grande autonomie. Nous posons ici le problème du moi conscient parasité par une *persona* trop envahissante. Certes, l'adaptation sociale de l'ego s'impose, mais elle exerce toujours une réelle tyrannie sur le moi conscient. Ainsi, la préoccupation de répondre aux demandes et aux attentes de l'extérieur, en particulier à celles des parents, des éducateurs, des pairs et du milieu culturel, entrave l'autonomie de l'ego. En effet, le moi éprouve une peur réelle ou imaginaire d'être rejeté par l'entourage.

Je ne voudrais pas sous-entendre ici qu'une haute estime de soi reposerait seulement sur des stratégies d'estime et de confiance en soi. Cependant, celles-ci constituent les fondements d'une estime de soi saine et compétente. Mais pour raffermir et fortifier celle-ci et pour progresser dans l'estime du Soi, il importe de procéder à la réintégration de ses refoulements et d'en exploiter toutes les richesses.

La réintégration de l'ombre est essentielle au développement d'une solide estime de soi. En effet, les pulsions de l'ombre qui auraient été laissées-pour-compte et n'auraient pas été apprivoisées viendront constamment consumer l'énergie du soi et en miner l'estime. Pour pouvoir harmoniser la *persona* et l'ombre, il est nécessaire de changer de registre, c'est-à-dire de recourir non pas aux efforts volontaires de l'ego mais à la force intégrative du Soi.

Je suis étonné de constater que les ouvrages actuels sur l'estime de soi ignorent l'influence de l'ombre. Laissée à l'état sauvage, l'ombre se transforme en effet en source de mésestime de soi et de conflit avec autrui.

Matthew McKay et Patrick Fanning, auteurs de *Self-Esteem*, n'en parlent pas. La même omission se retrouve dans l'ouvrage *L'estime de soi* d'André Christophe et de François Lelord; ces auteurs abordent les névroses liées à la mésestime de soi dans un traité tiré de la pathologie traditionnelle. Nathaniel Branden, dans son œuvre classique *The Six Pillars of Self-Esteem*, en traite indirectement quand il parle de la thérapie du « je » névrotique. Dans *Estime de soi, confiance en soi*, Josiane de Saint-Paul y consacre à peine quelques pages inspirées par mon ouvrage *Apprivoiser son ombre*. Chez ces spécialistes de l'estime de soi, cette lacune appauvrit grandement leurs tentatives de promouvoir une forte et saine estime de soi.

Voyons maintenant comment le moi conscient peut se réapproprier les qualités et les ressources qu'il a refoulées. Connaître son ombre, faire la paix et collaborer avec elle constituent des conditions essentielles à toute saine estime de soi et le début de l'estime du Soi. En effet, peut-on vraiment s'aimer et avoir confiance en soi si on laisse son ombre saper ses énergies et agir contre ses propres intérêts?

Qu'est-ce que l'ombre?

L'ombre, c'est la porte du réel.
Élie Humbert

L'ombre, c'est tout ce que nous avons refoulé dans l'inconscient par crainte d'être rejeté par les personnes qui ont joué un rôle déterminant dans notre éducation. Nous avons eu peur de perdre leur affection, de les décevoir ou de les embarrasser avec certains aspects de notre personnalité et certains de nos comportements. Nous avons tôt fait de discerner ce qui était acceptable ou non à leurs yeux. Pour leur plaire, nous avons donc relégué de larges portions de nous-mêmes dans les oubliettes de l'inconscient. Nous avons tout fait pour esquiver la moindre désapprobation verbale ou tacite de la part de ceux et celles que nous aimions et dont nous dépendions. Nous nous sommes forgé un masque social, une *persona* jugée, semblait-il, plus acceptable par notre entourage.

L'ombre se construit en obéissant aux demandes et aux exigences du milieu. Elle constitue « l'autre en moi », mon *alter ego* souterrain, une inconnue qui habite l'inconscient. Elle est occultée mais non absente. Elle réapparaît à la conscience d'une façon imprévue, surtout dans les rêves, sous forme de figures symboliques bizarres et hostiles. Son but est d'être enfin reconnue, acceptée et réintégrée. Si elle demeure méconnue ou ignorée, elle cherchera à se manifester par des attaques d'angoisse, des phobies inexplicables et des projections sur les autres.

Le sac à déchets de l'ombre

Le poète Robert Bly compare l'ombre de la personnalité à un sac à déchets dans lequel on jette des aspects de soi jugés inacceptables par l'entourage. L'ombre dite noire comprend les manifestations instinctuelles, comme la sexualité et l'agressivité, des traits de la personnalité comme l'esprit de délinquance, la propension à la paresse, un penchant pour les transgressions, etc. L'ombre blanche renferme tout le potentiel moral et spirituel non développé, tel que les qualités (patience, esprit de travail, politesse, etc.), les talents et les habiletés de toutes sortes, les vertus morales et, bien sûr, les aspirations spirituelles.

La peur d'être rejetée par son milieu fait que, jusqu'à la trentaine, une personne remplit son sac à déchets de tous ces matériaux. Au mitan de la vie, au moment où elle aura atteint davantage de maturité et sera devenue plus sûre d'elle-même, il sera temps pour elle de se mettre à vider le sac à déchets et à recycler tout le riche potentiel qu'elle y aura enfoui.

Les séquelles d'une ombre non apprivoisée

Carl Jung rappelle les tragédies causées par une ombre laissée en friche au sein du psychisme humain : « On le sait, les drames les plus émouvants et les plus étranges ne se jouent pas au théâtre, mais dans le cœur d'hommes et de femmes ordinaires. Ceux-ci passent sans attirer l'attention et ne trahissent rien des conflits qui font rage en eux, à moins qu'ils ne soient accablés d'une dépression toujours possible[41]. »

Si elle ne travaille pas à la réintégration de son ombre, une personne sera sujette à des malaises psychologiques. Elle sera

---

[41] C.G. Jung, *New Paths in Psychology*, p. 528.

tourmentée par un sentiment diffus d'angoisse et d'insatisfaction d'elle-même. Elle se sentira stressée et déprimée. Elle se laissera emporter par diverses pulsions : culpabilité, jalousie, colère mal gérée, ressentiment, inconduites sexuelles, dépendances, etc. Parmi les dépendances les plus communes, mentionnons l'alcoolisme et la toxicomanie, qui font tant de ravages dans nos sociétés modernes. Sam Naifeh, dans un excellent article sur les causes de la dépendance, affirme : « La dépendance est un problème de l'ombre[42]. » En effet, l'attrait compulsif pour l'alcool et les drogues donne accès au côté ombrageux de son être.

On aura beau accuser les substances toxiques d'être la cause de déchéances humaines, elles n'en sont de fait que la cause indirecte. Elles permettent à leur utilisateur de franchir les frontières du conscient et de prendre contact avec son ombre. Au lieu de s'adonner aux paradis illusoires de la drogue et de l'alcool (mot qui signifie « rêve » en arabe), il est possible d'accomplir un travail de croissance plus efficace et bienfaisant à l'aide d'exercices psychospirituels visant à prendre conscience de son ombre et à l'intégrer.

La reconnaissance de l'ombre et le sacrifice de l'ego

Reconnaître son ombre est le premier pas vers la découverte de la totalité de son être. Mais ce n'est pas une mince affaire, pour l'ego, d'être confronté à son ombre. Tous ses efforts ont jusqu'alors été déployés pour assurer sa sécurité sociale et financière, ainsi que pour le contrôle et la domination d'autrui. L'ego craint de se découvrir vulnérable, déstabilisé voire déséquilibré. Il frémit à la perspective de devoir mourir à lui-même. La peur et l'anxiété, c'est le prix que l'ego aura à payer pour accepter de faire face à son ombre, à la misère qu'il s'est efforcé de masquer. Aussi, ceux qui ont une fausse conception de l'estime de soi, qui la voient comme une assurance à toute épreuve, percevront l'ombre comme une menace pour le moi.

---

42   S. Naifeh, « Archetypal Foundations of Addiction and Recovery », *Journal of Analytical Psychology*, vol. 40, nº 2, avril 1995, p. 148.

Mais pour ceux qui comprennent la nécessité de se réconcilier avec leur ombre, la peur momentanée qu'ils éprouvent devant elle se transforme en joie de voir augmenter leur estime d'eux-mêmes.

L'ego doit accepter un jour ou l'autre de se sentir coincé entre sa *persona*, sa façade sociale, et son ombre, entre les demandes de l'extérieur et celles venant de l'intérieur. S'il réussit à les faire émerger toutes les deux et à tolérer la tension intérieure qui s'ensuivra, le Soi viendra alors à sa rescousse en lui offrant une sorte de « résurrection ». L'intervention du Soi prendra la forme d'un symbole intégrateur permettant de concilier les requêtes de la *persona* avec celles de l'ombre.

Une telle conciliation marque le début de l'*individuation*, processus par lequel on devient « ce qu'on est », c'est-à-dire par lequel on acquiert une personnalité unique, complète et indépendante des influences sociales tyrannisantes. À même les éléments épars et opposés du psychisme, le Soi crée une nouvelle organisation interne de l'individu ou une nouvelle « complexification » de son être. Du coup, cette personne acquiert une plus grande maturité; elle est davantage *elle-même* et plus à même de bien utiliser ses ressources et de résoudre ses conflits. Le Soi lui procure une harmonie et une paix inestimables.

La reconnaissance de son ombre et ses rapports avec ceux que l'on adule ou qu'on déteste

La théorie de la projection

La projection de son ombre est un phénomène à la fois psychologique et spirituel. Marie-Louise von Franz, célèbre disciple de Carl Jung, rapporte à ce sujet : « Jung définit la projection comme un transfert inconscient — c'est-à-dire non perçu et involontaire — d'éléments psychiques refoulés, sur un objet extérieur[43]. » La

---

43   M.-L. von FRANZ, *Reflets de l'âme : Les projections, recherche de l'unité intérieure dans la psychologie de C.G. Jung*, Orsay, Éditions Entrelacs, 1992, p. 15.

projection consiste à voir, à entendre et à sentir des émotions, des qualités, des traits qu'on a refoulés en soi, et à les réverbérer sur un objet extérieur. Il se produit alors un déplacement du matériau psychique refoulé « du dedans » de soi vers « le dehors » de soi.

La psychanalyse voit dans la projection un moyen de se défendre contre les débordements éventuels de l'ombre, surtout sous forme d'angoisse. Tout ce qui est inacceptable au conscient se retrouvera tôt ou tard en dehors de soi, étalé et projeté sur des objets, des animaux ou des personnes. C'est ce qui explique les diverses phobies dont tant de gens sont atteints. Les « projecteurs » — les auteurs de la projection — ne sont pas conscients du phénomène et ils s'imaginent voir les fantômes de leur propre psyché se profiler sur l'objet de leur phobie.

Presque toujours inconscient de sa projection sur autrui, le projecteur s'aperçoit tout de même qu'il est dominé par un malaise. Il est fasciné par une personne, un animal ou un objet dont il n'arrive pas à détacher son attention. Il éprouve soit une séduction, si les qualités ou les traits de caractère projetés sont considérés comme désirables, soit une répulsion, si ces traits sont troublants ou menaçants. En conséquence, il sera porté soit à idéaliser la personne pour ses qualités enviables, soit à la mépriser pour ses qualités ou traits jugés indésirables et repoussants. Dans les deux cas, qu'il s'agisse de séduction ou de répulsion, l'appréciation du « projecteur » sera faussée, parce que démesurée par rapport à la réalité objective.

Les projections de l'ombre, une source d'angoisse
pour le « projecteur » lui-même

La prise de conscience de ses projections sur autrui est la voie royale d'accès à son ombre évanescente. Négliger de reconnaître ses projections bloque sa croissance et son épanouissement social. En effet, chaque fois que l'on projette des éléments de son ombre sur autrui, on se les aliène et, en conséquence, on se prive de les reconnaître comme siens. On aura alors le sentiment d'être dépossédé d'une partie de soi-même. En même temps qu'on haïra une personne ou qu'on l'adulera, on se sentira démuni. Les projections, qu'elles soient positives ou négatives, coûtent cher en énergie; elles peuvent par exemple causer un *burn out*.

Celui qui n'a pas maîtrisé l'art de récupérer ses projections s'enferme en lui-même. Les aspects de son ombre qu'il attribue aux autres se retournent contre lui. Ils suscitent chez lui des états d'angoisse et de dépression. De plus, ils sont la cause de nombreux ennuis et conflits dans ses relations humaines. Bref, son estime de lui-même en prend un dur coup, de même que ses relations interpersonnelles.

La personne qui apprend à réintégrer ses projections dans la zone consciente de son être acquerra une précieuse connaissance de son côté obscur ainsi qu'une nouvelle harmonie, plus grande, avec son inconscient.

À ma connaissance, il n'existe aucun test psychologique plus révélateur des qualités et des traits de caractère qui manquent encore à sa personnalité que l'examen de ses projections. En d'autres mots, si nous sommes portés à mépriser ou à aduler indûment une personne pour certaines de ses qualités ou de ses traits de caractère, c'est le signe qu'il est urgent de les développer chez soi.

Prenons un exemple : si je déteste une personne douce, tranquille et effacée, c'est sans doute qu'il me manque de telles qualités pour contrebalancer chez moi les aspects trop agressifs de ma personnalité, mon désir de paraître et ma vie agitée. Sans doute qu'au début il me faudra surmonter ma répugnance à devenir doux, tranquille et modeste et, du même coup, l'aversion que je ressens à devoir ressembler à une personne qui m'est antipathique. Mais une fois le premier mouvement de répulsion maîtrisé, je serai étonné de constater tout ce que je peux apprendre de cette personne en vue d'une plus grande maturité.

Cette démarche de réintégration de son ombre ressemble grandement, par analogie, au traitement par homéopathie, l'art de soigner avec une dose minimale du poison qui pourtant est à l'origine du mal.

Reconnaître les projections de son ombre, une nécessité pour vivre l'amour des autres

Le penseur et poète américain Robert Bly relevait, au cours d'une conférence, le danger des projections. La personne qui en est l'objet, rappelait-il, peut courir un danger réel pour sa réputation, pour son intégrité physique et morale, et même pour sa vie. Elle risque en effet, dans certains cas de fascination, d'être adulée démesurément et de s'illusionner sur elle-même. En revanche, lorsqu'elle est objet de répulsion, elle peut servir de « bouc émissaire ». Cela se produit dans des familles qui ont besoin d'un « mouton noir » pour se croire capables de survivre. Et l'histoire ne témoigne-t-elle pas de projections collectives qui furent la cause de crimes atroces, de persécutions cruelles et de guerres? Nous n'avons qu'à penser à la chasse aux sorcières qui fit des milliers de femmes victimes, ainsi qu'à l'Holocauste de six millions de Juifs.

La récupération des projections est toujours possible

Est-il possible de nous « guérir » des projections que nous entretenons sur autrui? L'ombre, par définition, n'est-elle pas une réalité fuyante? N'échappe-t-elle pas par nature aux prises de conscience les plus fines? Malgré cela, il est possible de prendre conscience de la fascination ou de la répulsion qui nous obsède. À travers elles, nous avons de bonnes chances de découvrir les mouvements de l'ombre avec leurs significations. Il devient alors facile de nous « guérir » de nos projections, d'abord en reconnaissant leur présence en nous-mêmes, ensuite en les récupérant à l'aide d'exercices appropriés.

La pauvreté spirituelle

La réintégration de l'ombre, même si elle paraît douloureuse pour l'ego, lui est bénéfique. Elle le fait croître sur le plan psychospirituel, et notamment sur le plan de la pauvreté spirituelle. Elle brise peu à peu la belle façade créée par sa *persona*; elle rend son caractère plus flexible; elle assouplit les raideurs de son perfectionnisme. En cultivant ainsi sa pauvreté spirituelle, l'ego reconnaît peu à peu ses faiblesses et sa vulnérabilité morale. Il s'aperçoit qu'il a les mêmes instincts d'envie, de sexualité et de manipulation qu'autrui, et qu'il a l'étoffe du pire bandit ou scélérat. Au-delà de son pharisaïsme, de son orgueil, de son fanatisme moral, il prend conscience que s'il s'était laissé aller aux convoitises de son ombre, il aurait facilement pu devenir le pire des délinquants.

La reconnaissance de son ombre replace une personne dans une plus grande vérité et simplicité vis-à-vis d'elle-même, la met dorénavant en garde contre ses prétentions d'être parfaite. Peu à peu, elle vainc la peur de se montrer telle qu'elle est. De plus, elle apprend à ne pas blâmer les autres, à les juger moins sévèrement. L'acceptation de son côté immature et ombrageux lui fait développer une plus grande humilité et compassion envers l'autre; elle est donc moins portée à lui « jeter la pierre ». Elle constate que les personnes autour d'elle ne sont pas foncièrement méchantes; elle les considère plutôt faibles et blessées, comme elle-même, reconnaissant qu'elles font de leur mieux pour conduire leur vie au meilleur de leur connaissance.

(Voir la stratégie « Réintégrer ses ombres ».)

Les détachements volontaires ou les sacrifices

> *Quand le désir de prendre disparaît,*
> *les joyaux apparaissent.*
>
> Yogas sûtras

Dans la voie négative, les détachements volontaires équivalent aux sacrifices que l'on accomplit pour atteindre un but supérieur.

C'est le sens profond du mot sacrifice, selon son étymologie : *sacrum facere*, « faire du sacré ». L'utilisation de ce mot ne manquera pas de faire réagir certaines personnes. Il correspond pour elles aux renoncements inutiles dictés par la fantaisie de certains éducateurs, aux effets d'un masochisme maussade ou encore à une offrande faite à une divinité capricieuse. Mais l'expression « faire un sacrifice » a toujours eu une autre signification : renoncer à certains avantages en vue d'atteindre des buts supérieurs, particulièrement des objectifs propres au Soi.

Quand c'est avec élan et enthousiasme qu'on poursuit sa mission ou un idéal, les sacrifices s'accomplissent aisément; dans l'élan de la réalisation du « rêve de l'âme », ils passent presque inaperçus. En revanche, ils deviennent lourds à supporter quand on est incertain de sa mission ou de son idéal et quand on désespère d'atteindre son but.

Les sacrifices à faire sont de natures diverses suivant les circonstances. Il peut s'agir de retarder une gratification immédiate, d'accepter une baisse de salaire, de réduire ses dépenses, de consentir à être dérangé dans sa quiétude, d'abandonner son indépendance pour travailler en équipe, de consentir à vivre éloigné des siens, de renoncer à des plaisirs légitimes et à ses loisirs, de renoncer à ses idées préconçues et à ses préjugés, de savoir être patient et de vivre dans l'insécurité, etc.

J'ai abordé plus tôt le choix de « la simplicité volontaire », dans un but écologique. Cette simplicité de vie amène à combattre la surconsommation et à se contenter d'une vie modeste. Ces renoncements volontaires s'accordent avec les intentions du Soi, lequel est en constante relation avec l'Univers.

(Voir la stratégie « S'exercer aux détachements volontaires ».)

Conclusion

> *S'aimer humblement...*
> *C'est le propre de la condition humaine d'être démunie et blessée.*
> *Est-on coupable d'être un homme, d'être une femme?*
> *Le premier mouvement devant nos limites*
> *ne devrait pas être l'accusation,*
> *mais l'acceptation très douce, très humble, sereine.*
>
> Jacques Leclerc

Les promesses faites à ceux et celles qui s'engagent dans la voie négative sont nombreuses. Nous l'avons vu, nos deuils nous amènent à prendre conscience de notre vulnérabilité, jusqu'à nous faire éprouver la dépression et parfois la détresse. Mais le Soi sait nous faire renaître quand, enfin, nous parvenons à lâcher prise.

La désidentification nous apprend à nous défaire de nos fausses identités. C'est une rude tâche de ne plus nous identifier à nos émotions, à nos malaises, à nos troubles psychologiques, à notre réputation, à notre statut social, si honorable soit-il, à la force de nos pensées, à la certitude de nos amours, etc. La distance que nous acquérons vis-à-vis de ces réalités intérieures et extérieures transitoires nous fait apprécier l'immuabilité et la stabilité du Soi.

L'identification de notre ombre, du côté blessé de notre être, nous donne de prendre conscience de notre pauvreté intérieure, ce qui nous maintient dans l'humilité la plus complète. Et lorsque nous sacrifions les ambitions de notre ego pour nous arrêter à la fois à nos misères les plus abjectes et à nos aspirations les plus nobles, nous faisons un pas de plus vers le Soi.

L'acceptation quotidienne délibérée de nos sacrifices en vue de réaliser notre mission ou notre idéal retarde d'autant les gratifications de l'ego. Nous nous habituons ainsi à une vie faite de patience et de simplicité.

La recherche anxieuse de sa perfection, la satisfaction de soi, le contentement béat, l'absence de prise de risques créent chez soi des fermetures du cœur et de l'esprit. La voie du détachement conduit à des ouvertures insoupçonnées à l'intervention du Soi et à des moments de grâce et de créativité.

Charles Péguy s'exprimait ainsi sur les « honnêtes gens... ou ceux qui se nomment comme tel » : « Ils ne présentent point cette ouverture que fait une affreuse blessure, une inoubliable détresse, un regret invincible, un point de suture éternellement mal joint, une mortelle inquiétude, une invincible arrière-anxiété, une amertume secrète, un effondrement perpétuellement masqué, une cicatrice éternellement mal fermée. » Il conclut : « Ils ne présentent pas cette entrée à la grâce... »

Sixième chapitre

La voie symbolique pour atteindre le Soi

L'épanouissement du Soi dépend d'un accueil attentif à ses manifestations et à ses directives discrètes et subtiles. La connaissance du Soi, de son identité profonde, ne se fait pas par voie logique et rationnelle ou volontaire, mais en vertu d'une sensibilité intelligente capable de saisir les messages et leur sens symbolique. Il ne faut pas s'en étonner, c'est le fonctionnement habituel du Soi.

L'attention au Soi et à ses manifestations symboliques n'est pas facile à acquérir, d'autant plus que celles-ci passent souvent inaperçues à celui qui n'en est pas averti. Voici quelques-unes des manifestations du Soi : intuitions spirituelles, rêves nocturnes et éveillés, élévations soudaines de l'âme suscitées par la lecture d'histoires spirituelles et de mythes, projection et attachement à des figures symboliques, fantasmes, moments fugitifs d'une nouvelle Présence, saisie de l'âme de la nature, éveil progressif de sa propre vie spirituelle et de celle des autres, joie intense d'être vivant, sentiment d'être aimé sans condition, contemplation du mystère des choses ordinaires, réenchantement du réel, intuitions du divin, etc.

À l'instar de ce qui se passe dans la voie négative, il existe des moyens efficaces pour progresser dans la voie positive. En voici quelques-uns qui feront l'objet d'une étude particulière : utiliser l'imagination active pour travailler sur des symboles, étudier ses rêves, concilier les symboles opposés, s'appliquer à créer des mandalas, se familiariser avec les mythes universels et les histoires des mystiques.

L'imagination active

À qui souhaite donner plus d'ampleur à sa conscience, Carl Jung recommande de faire dialoguer entre eux le conscient et l'inconscient à l'aide de l'imagination active. Cette méthode permet de prendre en compte les messages de l'inconscient (rêves, fantaisies, projections, etc.) et de les traduire sous une forme artistique quelconque : dialogue, dessin, peinture, sculpture, etc. Dans l'imagination active, la conscience se fait attentive aux messages symboliques surgissant de l'inconscient et, en particulier, à ceux de l'ombre, de l'*anima/animus* et, ultimement, du Soi.

Au départ, la personne choisit un message symbolique tiré d'un rêve ou d'une fantaisie éveillée. Puis, elle s'applique à le contempler, même si elle est incapable d'en saisir la signification. Le seul fait de se concentrer sur un symbole le fait se transformer. Par exemple, si elle concentre son attention sur l'image symbolique d'un serpent apparu dans un rêve, elle constatera que le serpent se met à changer de couleur, à s'animer, à provoquer une réaction, à s'exprimer. L'imagination active a déclenché tout un processus psychique révélateur de l'inconscient. Ce qui est important, alors, c'est de noter à chaque instant les changements subis par l'image symbolique du serpent. En effet, cette image mouvante révélera ce qui se déroule dans l'inconscient. Par le truchement de l'imagination active, la personne demeure dans la sphère du conscient tout en observant un processus inconscient se déployer sous ses yeux. En bref, elle fait le pont entre le conscient et l'inconscient et dérobe un secret à l'inconscient.

Illustrons le processus de l'imagination active. À la suite de l'étape de la contemplation du symbole, le sujet entre en relation avec la réalité symbolique; il lui demande ce qu'il signifie au juste. Poursuivons notre exemple du serpent : le rêveur entreprend un dialogue avec le serpent et lui demande de s'identifier; il l'interroge pour savoir ce que le reptile attend de lui. Il s'établit alors un dialogue et un travail de collaboration entre le rêveur et le symbole du serpent, message de l'inconscient.

S'il se définit comme une personne très douce, le serpent va lui rappeler qu'il existe en lui une agressivité inconsciente qui mine ses énergies et lui cause une angoisse capable de le conduire à une dépression. Le serpent lui révèle la possibilité d'une souffrance inconsciente et, éventuellement, l'existence d'un drame dans sa vie. Avec cette meilleure connaissance des deux côtés de lui-même, le rêveur est en mesure de conserver un meilleur équilibre, de prendre des décisions plus éclairées, d'entretenir des relations humaines plus vraies et de découvrir un sens à sa vie.

On peut se demander : quel est l'intérêt de se soumettre au travail de l'imagination active? La révélation de la figure symbolique donne accès à un côté caché de soi; elle a tendance à faire voir ce qu'on se cache effectivement, le côté refoulé de soi. En fait, elle fait découvrir l'ensemble de sa réalité consciente et inconsciente, et complète ainsi les vues partielles et tronquées du conscient.

(Voir la stratégie « S'entraîner à l'imagination active ».)

L'étude des rêves

À travers les rêves, le Soi apporte une perception corrective et complémentaire aux vues biaisées de l'ego. Les rêves font connaître un point vue différent, qu'on ne désire pas voir sur soi. C'est pourquoi il est souvent pénible de saisir ses rêves, de les écouter et d'en découvrir la signification.

Par ailleurs, il est conseillé de ne pas trop chercher à interpréter ses rêves avec la raison, car les interprétations rationnelles trahissent souvent les messages symboliques des rêves. Il suffit donc de se rappeler ses rêves et de les écrire dès le réveil. Ces simples gestes indiquent à l'inconscient et, en dernier lieu, au Soi que l'on prend au sérieux leurs messages même si on n'en comprend pas encore toute la signification.

Au cours de la période où je rédigeais cet ouvrage, j'ai rêvé que je devais transporter des personnes dans une petite voiture déjà remplie de bagages et d'assiettes contenant des repas chauds. Au réveil, j'éprouvais un vif sentiment d'encombrement dans ma vie. Dès le matin, j'ai annulé deux projets dans lesquels je m'étais engagé.

Si une personne ne se contente pas de se rappeler ses rêves et de les transcrire dans son journal, elle pourrait se les raconter à elle-même en s'identifiant à chacune des parties de son rêve. Pour le rêve que je viens de raconter, par exemple, la narration donnerait ceci : « Je transporte des personnes qui sont toutes moi, dans une petite voiture qui est encore moi, remplie de bagages et de plats chauds qui sont moi. » L'énumération des personnages et des objets du rêve révèle des conflits psychiques potentiels.

Une autre méthode consiste à choisir une figure symbolique centrale de mon rêve, la petite voiture, par exemple, et de dialoguer en faisant appel à la méthode de l'imagination active exposée plus haut.

Conciliation des réalités opposées avec un symbole intégrateur

Comment l'être humain dans son développement
peut-il intégrer sa vie intérieure?
Soit par la conciliation de ses conflits émotionnels ou intellectuels
dans une synthèse supérieure,
soit par la conciliation de la diversité
dans une unité plus intégrale.
Aldous Huxley

Le Soi possède une grande force d'intégration. Il peut en effet libérer la psyché coincée entre deux réalités en apparence opposées : la joie et la tristesse, l'amour et la haine, la peur et le goût de l'aventure, une réalité repoussante et une réalité attirante, l'appétit sexuel et le désir de chasteté, le désir de vivre et l'envie de mourir, etc. Bien des personnes demeurent paralysées par le tiraillement de ces oppositions, parce qu'elles ignorent comment s'en sortir. Certaines essaient de résoudre leur problème à l'aide de la raison, mais en vain, car c'est une tâche qui la dépasse. Seul le recours au Soi peut résoudre le dilemme. Il suffit de lui demander de produire un symbole-intégrateur d'ordre « numineux » (sacré) ou religieux.

À partir du test de Mario Berta, intitulé *Prospective symbolique en psychothérapie,* j'ai conçu une stratégie permettant d'intégrer la *persona* et l'ombre. Cet exercice illustre bien l'importance de recourir aux symboles pour concilier des réalités opposées.

a) Au début, je demande aux participants de bien se centrer sur eux-mêmes et de le faire avec détente.

b) Ensuite, après leur avoir recommandé de laisser la réponse émerger spontanément de leur imaginaire, je leur pose cette question : « Si vous étiez dans un autre monde et qu'il vous était possible de choisir une autre identité, quel être symbolique aimeriez-vous devenir? » Cet être symbolique peut être une chose, une plante, un animal ou un personnage fictif quelconque, mais pas un personnage réel.

c) Après quelques minutes de concentration, je demande à ceux qui ont trouvé le symbole exprimant leur nouvelle identité de lever la main. Au besoin, je leur accorde plus de temps. Puis, j'invite les participants à sortir de leur état de centration.

d) Ensuite, chacun se trouve un partenaire à qui il décrit son symbole pendant quelques minutes. L'écoutant est autorisé à poser des questions d'ordre factuel sur le symbole de son partenaire : est-il grand? Est-il coloré? Se meut-il? Émet-il des sons? Se tient-il loin ou proche? Sur quel arrière-fond se détache-t-il? Dans quel contexte? etc. Une fois la description terminée, le partenaire fait à son tour la description de son propre symbole.

e) À la fin de cet exercice, j'invite les participants à entrer de nouveau en eux-mêmes et à répondre à la question suivante : « Si vous étiez dans un autre monde et qu'il vous était possible de choisir une autre identité, quel être détesteriez-vous devenir : chose, plante, animal ou personnage fictif mais pas une personne réelle? Vous ne voudriez pas devenir un tel être, parce qu'il vous fait très peur ou qu'il vous répugne beaucoup... »

f) Après avoir trouvé leur symbole négatif, les participants sortent de leur état de centration et rejoignent leur partenaire. Chacun décrit son symbole négatif.

g) Après ce temps d'échange, je demande à chaque participant de se placer dans un espace tranquille à l'intérieur de la salle.

h) Je les invite alors à lever les mains à la hauteur de la poitrine et à les tenir séparées l'une de l'autre d'environ trente centimètres. Pendant une minute ou deux, ils regardent d'abord leur main droite dans laquelle ils s'imaginent voir leur symbole positif. Ils fixent ensuite leur main gauche dans laquelle ils s'imaginent voir leur symbole négatif.

i) Je les invite ensuite à solliciter la collaboration du Soi pour qu'il leur permette d'intégrer leurs symboles positif et négatif sans recourir au mental ou à la raison.

j) Je leur demande de laisser leurs mains se rapprocher l'une de l'autre d'une façon spontanée et naturelle. Je les invite à se laisser surprendre par l'apparition soudaine d'un troisième symbole que le Soi aura formé à la suite de l'intégration des deux autres.

Si certains sentent que leurs mains résistent à s'approcher l'une de l'autre, je leur conseille de découvrir entre leurs mains ce qui pourrait causer cette résistance et de l'éliminer avant de poursuivre l'exercice.

k) Quand tous ont complété l'intégration du symbole positif et du symbole négatif, je les invite à partager leurs découvertes en groupe ou avec leur partenaire. Certains aiment faire un dessin de leur troisième symbole en souvenir de l'intégration qui s'est opérée.

À l'intention des conseillers et animateurs, je me permets de faire une mise en garde. Si un participant ne réussit pas à faire cet exercice de réintégration, il ne convient pas de le forcer à le faire. Il se peut que, dans son cas, son inconscient ne soit pas prêt à faire une telle réintégration de l'ombre ou encore que le symbole négatif soit trop puissant et dès lors paralysant. Dans ce dernier cas, il faudrait songer à réduire la force d'impact du symbole négatif en modifiant, par exemple, ses proportions. C'est ce qu'a fait un conseiller avec une femme qui se sentait impuissante à intégrer à son symbole positif son symbole négatif : un immense boa. Il l'invita à réduire, en imagination, la grosseur du boa à une proportion acceptable. Grâce à ce stratagème, la cliente réussit à compléter l'exercice.

Les résultats obtenus m'étonnent toujours. Une grande proportion des participants réussissent habituellement à obtenir du Soi un symbole sacré intégrateur qui est venu résoudre la tension entre le symbole positif et le symbole négatif : une coupe lumineuse, un temple plein de lumière, un dragon ailé, le visage rayonnant d'un enfant, etc., tous des thèmes mythiques desquels ils auraient pu conter une histoire. C'est véritablement une expérience-sommet qui les sort du marasme psychique, donne un sens à leur vie et les propulse vers une mission personnelle.

(Voir la stratégie « Guérir par la résolution des conflits intérieurs ».)

Le mandala, symbole du Soi

Le mandala est une figure symbolique représentant un cercle muni d'un centre, autour duquel s'ordonne un ensemble de formes.

On retrouve cette figure partout dans l'Univers, de la cellule aux plantes, en passant par les rosaces des cathédrales à la nébuleuse astrale. Le mandala exprime à la fois l'unité et la diversité.

Carl Jung a vu dans la figure symbolique du mandala une confirmation de sa théorie du Soi :

> [...] par le fait de pressentir l'existence d'un centre de la personnalité, sorte de point focal dans la psyché auquel tout se rattache, par lequel tout s'organise et qui est lui-même source d'énergie. Cette énergie centrale se manifeste par une

compulsion, une impulsion quasi irrésistible de devenir ce que l'on est, de même que chaque organisme est poussé à prendre la forme caractéristique de son espèce, quelles que soient les circonstances.

Jung poursuit en décrivant la forme que prend le développement de la psyché : « [...] il n'existe point d'évolution linéaire, mais seulement une approche circulaire "circumambulatoire" qui donne, par une référence constante à ce centre, appelé le Soi, la structure, l'orientation et le sens[44]. »

On a souvent comparé le mandala à un œil qui regarde à l'intérieur du psychisme. À cause de sa fonction unificatrice de la personne, plusieurs religions en ont fait un symbole sacré. La complexité du psychisme s'y trouve adéquatement représentée : le centre signifiant le Soi organise les diverses parties du psychisme.

La pratique de la méditation sur des mandalas et celle d'en dessiner contribuent à unifier la personne, suscitant le besoin d'ordonner autour du Soi les éléments disparates du psychisme. La personne tout entière se sent alors en train de guérir et de retrouver son unité interne. Terminées alors les tensions intérieures causées par les diverses fragmentations ou clivages de la personnalité[45].

(Voir la stratégie « Construire un mandala ».)

L'expérience des mythes et des histoires spirituelles

Nous pouvons faire grandir notre psyché en utilisant des méthodes qui tirent profit de la richesse des symboles : l'imagination

---

[44] Cité par S.F. FINCHER, *La voie du mandala*, St-Jean-de-Braye, Éditions Dangles, 1996, p. 16.

[45] Aux personnes qui souhaiteraient poursuivre une démarche de méditation sur les mandalas, je suggère le manuel *Mandalas of the World : A Meditating and Painting Guide* de R. DAHLIKE (sous la direction de C.M. PARKINSON, New York, Sterling Publishing Co., 1992). Pour ceux qui voudraient s'initier au dessin de mandalas, je recommande *Mandala : Luminous Symbols for Healing* de J. CORNELL (Wheaton, Ill., Quest Books, 1994).

active, le travail des rêves, la recherche du symbole intégrateur et le mandala. Il existe encore une méthode séculaire pour prendre soin de son âme et la nourrir, c'est la connaissance des grands mythes (le mot grec *mythos* signifie « histoire ») et des histoires religieuses.

De tout temps, les mystiques des grandes religions se sont servis d'histoires pour transmettre des expériences religieuses qui sont ineffables et indescriptibles. Pour s'en faire une idée, on n'a qu'à penser aux contes hassidiques, aux paraboles de l'Évangile, aux histoires soufistes et aux anecdotes bouddhistes.

Dans *The Search for The Beloved*, Jean Houston s'applique à décrire les effets bénéfiques des histoires classiques et spirituelles de l'humanité : « Les grandes histoires de l'humanité sont pareilles à des champs énergétiques chargeant les divers incidents de nos vies personnelles de sens et de signification. [...] Les grandes histoires jouent sur notre esprit comme une symphonie, activant différents tons, thèmes, sentiments et fantaisies et illuminant des parties de nous-mêmes tombées dans l'oubli[46]. »

Si, par malheur, notre histoire personnelle tend à se rapetisser et à perdre de l'intérêt, les grandes histoires, elles, nous apportent un nouveau souffle en vue de renouveler notre scénario de vie et de lui donner une envergure universelle. Les grandes histoires de l'humanité enrichissent notre vie de relations, de modèles, de métaphores qui nous permettent de comprendre notre existence et de lui donner un sens. Elles nous font passer de notre monde individuel enfermé dans une vie limitée à une existence personnelle universelle. En nous inspirant des mythes et des histoires de l'humanité, nous nous identifions avec Prométhée, Percival, Œdipe, Antigone, Ulysse, Isis, Rumi, Jésus, Bouddha, Faust, etc.

Bien que Jean Houston emploie des stratégies de croissance de nature psychologique, elle affirme dans ses ateliers que l'utilisation

---

[46] J. Houston, *The Search for The Beloved : Journeys in Sacred Psychology*, Los Angeles, Jeremy P. Tarcher, 1987, p. 92.

des mythes et des histoires accélère davantage la croissance spirituelle de ses clients. Ils agissent en effet à différents niveaux de notre être et ils contiennent des codes et des modèles du fonctionnement propre au Soi. Houston ne se contente pas de la lecture des grands mythes, elle les fait jouer par les participants de ses ateliers. Elle appelle cette forme d'intervention la *Therapeia*, qui fait partie de l'ensemble de son école qu'elle nomme la *Sacred Psychology*.

L'imagerie guidée est un autre outil précieux pour faire le passage de la perspective de l'ego à celle du Soi. Ralph Metzner[47] énumère onze thèmes mythiques pouvant servir d'imagerie. Je les résume ici.

1) De la chenille au papillon
2) Du sommeil et du rêve au réveil de la réalité
3) Du voile de l'illusion à la découverte du réel
4) De la captivité à la libération
5) De l'état de pollution à l'état de purification par le feu
6) De l'obscurité à la lumière
7) De la fragmentation à l'unité
8) De l'errance à la place du pouvoir et de la vision
9) De l'état d'étranger à la source de l'origine
10) De la mort à la renaissance
11) De la semence à l'arbre de la vie

(Voir les stratégies « Vivre quatre imageries guidées : la croissance de la rose, le gland et le chêne, la marche vers le jardin intérieur et la montée vers le temple du silence ».)

---

[47] R. METZNER, *Opening to the Light : Ways of Human Transformation*, Los Angeles, Jeremy P. Tarcher, 1986, p. vii-viii.

Le rayonnement du Soi : l'amour inconditionnel, la sagesse, la mission et la guérison

Un émir décida de quitter son pays désertique pour visiter la Californie.

L'agence touristique lui conseilla fortement d'aller visiter le merveilleux parc Yosemite. Accompagné de son chauffeur et de ses gardes du corps, il se mit donc en route vers cette région d'une beauté primitive.

Arrivé dans le parc, il se mit à contempler la fine cascade nommée « Le voile de la fiancée ». Il s'émerveilla de son élégance, de sa hauteur et des multiples arcs-en-ciel qui se dessinaient dans ses brumes. Il passa plusieurs heures à contempler la merveille naturelle. Son chauffeur délégua son premier garde du corps pour l'avertir qu'il se faisait tard et qu'il devait rentrer à l'hôtel. À cet instant, l'émir s'exclama : « Mais elle n'a pas encore fini de couler ! »

Auteur inconnu

> *Les archétypes sont des complexes que l'on vit,*
> *qui apparaissent comme un destin dans notre vie personnelle.*
>
> Carl Jung

La découverte de l'inconscient collectif chez Jung fut l'une des causes de dissension entre lui et Freud. Ce dernier le déclara hérétique par rapport à l'orthodoxie freudienne. Freud soutenait en effet que l'important était l'inconscient personnel formé principalement du refoulement du complexe d'Œdipe. Il expliquait l'origine de toutes les œuvres artistiques et religieuses par la sublimation, dans laquelle il voyait une réaction de défense contre les énergies libidinales. Grâce à l'étude des rêves, des mythes, des religions, de l'alchimie, des philosophies, surtout hindouistes et chinoises, le psychanalyste zurichois s'est opposé à cette position plutôt simpliste. Il avait conclu à l'existence d'un immense réservoir inconscient fait d'images et de symboles communs à toute l'humanité, donc d'un inconscient collectif habité de thèmes symboliques présents, à quelques variations près, chez tous les humains. Ces thèmes, il les nomma « archétypes » ou encore « images primordiales » et « idées principales ». Ces archétypes ont des ressemblances avec « les idées innées » de Platon. Le philosophe français Bergson les appelait « les éternels incréés ».

Jung distingue les archétypes *per se* et les archétypes *actualisés* par des symboles. Les premiers sont non perceptibles, bien qu'ils soient potentiellement présents dans les structures psychiques. Ce sont des « noyaux invariables de sens ». Les archétypes du deuxième type peuvent être perçus à travers des symboles, des représentations et des thèmes mythiques.

Prenons l'exemple du thème archétypal de *père*. L'archétype *per se* est une forme énergétique invisible chez une personne, qu'elle soit homme ou femme, le centre d'organisation de tous les aspects paternels en puissance. Mais l'archétype du père s'actualise et prend forme chez une personne lorsque celle-ci fait l'expérience d'un comportement paternel. Elle reconnaît instinctivement les gestes paternels et peut se faire une idée de ce qu'est un père. Il se forme alors en elle une image archétypale du père.

Les archétypes peuvent s'actualiser sous une forme positive ou négative. Si nos expériences de comportements paternels se sont avérées heureuses, nous aurons l'idée archétypale d'un « bon père »; si, au contraire, elles ont été malheureuses, nous aurons plutôt l'idée archétypale d'un « mauvais père » ou d'un « ogre » qui dévore sa progéniture.

On a décrit le Soi comme « l'archétype royal », « l'image du divin » dans l'âme. Le Soi idéalement est au centre de l'organisation des archétypes et en coordonne les actions. Il n'a pas d'influence directe sur la personne, mais il agit et se réalise par le truchement des archétypes. Illustrons ce concept par la description de quatre archétypes au service du Soi : l'archétype du « bon Père » et de la « bonne Mère » qui assurent tous deux l'amour inconditionnel de soi; le « Sage » qui donne un sens à toute la vie; « le Guide intérieur » qui aide à découvrir sa mission personnelle; et enfin, « le Guérisseur intérieur » qui résout tous les conflits psychiques d'où proviennent les maladies.

(Voir la stratégie « Découvrir et gérer ses sous-personnalités ».)

L'amour inconditionnel de soi et des autres : être aimé et aimer

> *Laissons-nous pleurer le plus vieux rêve du monde,*
> *laissons-le rire, laissons-le nous faire grelotter,*
> *laissons-nous y brûler les doigts,*
> *laissons-nous le danser et le prendre sur les genoux,*
> *le plus vieux rêve : être aimé.*
> *Sans raison. Sans mérite. Comme ça.*
>
> Christiane Singer

Une question surgit sans cesse chez les personnes en thérapie : « Est-ce que je suis assez aimable? Est-ce que je suis aimé? » Cette question fondamentale, Richard Desjardins l'expose sans pudeur dans la chanson : « Tu m'aimes-tu? » L'amour de soi dépend de la conviction de se sentir aimable et aimé d'une façon inconditionnelle. C'est là le sentiment religieux par excellence. Comme l'affirme Viktor Frankl, le sentiment d'être aimé d'une façon totalement gratuite tient de l'expérience-sommet.

C'est l'amour du Soi qui donne inlassablement la certitude d'être aimable et aimé. Le Soi est la matrice où s'épanouit l'ego. C'est le Soi qui devient « notre meilleur ami », qui nous entoure d'attention, nous encourage et se montre pour nous un parent nourricier. Bref, il prend en charge notre ego insécure. Le Soi est notre instance amoureuse secrète au service de notre ego.

Certains « spirituels » commettent une aberration aliénante quand ils parlent de mettre à mort l'ego au profit du Soi. Ce langage d'une violence extrême fait peur à l'ego et le met dans un état de crainte face au Soi. Une personne ne pourra donc s'aimer que si elle est consciente d'être aimée par le Soi.

Certains objecteront : « Pourquoi donc tant de personnes ne s'aiment-elles pas et, plus encore, se haïssent? » C'est que, pour s'activer, l'amour du Soi a besoin de médiations et de relais humains. L'archétype du Soi est une énergie inconsciente qui attend de rencontrer des expériences d'amour prodiguées par des personnes importantes. Si un enfant est élevé dans un climat de non-amour par ses parents et ses éducateurs, l'amour du Soi, quoique toujours présent, reste inhibé et inopérant. Se développera alors chez l'enfant un surmoi tyrannique qui le tiendra sous un régime d'obligations et le conduira au découragement et à la désespérance. L'exemple classique est celui du délinquant découragé parce qu'il n'a jamais pu satisfaire un surmoi despotique, oppressif et sans amour. Ce jeune n'aura finalement d'autre choix que de se révolter contre toutes formes de normes et de lois.

On ne saurait trop souligner l'importance de ces médiations pour qu'une personne se reconnaisse aimée et aimable. Si l'enfant reçoit des marques d'amour et d'appréciation, il apprendra à recevoir et à intégrer ces marques d'affection et d'appréciation. Grâce à de telles expériences d'amour inconditionnel, il se bâtira en lui-même un parent intérieur ou un archétype parental bienveillant et affectueux. Le Soi lui-même prendra la forme d'un « bon père » ou d'une « bonne mère », ou des deux à la fois, source intarissable d'amour de soi.

On peut évaluer le succès d'une formation ou d'une thérapie au degré de tendresse et d'amour éprouvés par le sujet. Celui-ci aura appris à « s'autoparenter » à travers le regard d'amour de l'intervenant. C'est ce qui est arrivé à cette jeune femme qui avait subi la pression de l'ambition de ses parents, mais n'avait pas senti leur amour. Elle avait acquis un tel surmoi tyrannique et critique qu'elle se croyait méchante et voulait se suicider. Il a fallu l'amour inconditionnel d'un conseiller et d'un ami pour lui apprendre à s'aimer et à se libérer de ses idées suicidaires. Elle a réussi à entrer en contact avec le Soi. Elle a pu voir en lui un parent intérieur nourrissant. Par la suite, lorsqu'elle s'accablait de reproches, elle allait se réfugier auprès de ce « parent intérieur ». Elle s'y sentait acceptée pleinement malgré ses vulnérabilités, ses défauts et ses laideurs. John Firman ira jusqu'à employer le mot « personne » pour désigner le Soi : « C'est une personne qui nous aime, nous guide et, peut-être le plus important, qui respecte notre volonté libre[48]. »

Une femme dans la quarantaine m'a confié qu'au cours d'une séance de thérapie elle avait fait l'expérience physique d'être aimée. Jusque-là, elle s'était crue aimable en raison de sa serviabilité et de sa disponibilité à se porter au secours des autres, en premier lieu de sa mère suicidaire. Elle comprit alors viscéralement qu'elle était digne d'un amour inconditionnel. Elle s'est mise à « s'autoparenter ». Elle m'avouait : « Je suis toujours une personne généreuse, mais ce qui a changé, c'est ma façon de l'être; j'étais une personne qui s'oubliait et qui était généreuse d'une façon compulsive. Résultat : j'étais toujours

---

48   J. Firman, *op. cit.*, p. 290.

épuisée par le souci des autres. Maintenant, je suis généreuse d'abord envers moi-même, et envers les autres d'une façon délibérée. »

Quand on laisse le Soi exercer son influence amoureuse, il suscite le sentiment radical d'amour de soi. Lewis Smedes, dans son ouvrage *Forget and forgive*, démontre que ce *fundamental feeling* est quelque chose d'unique, qui ne ressemble à aucune autre forme d'amour de soi. Cet amour est radical, car il procure, plus que toutes les autres expériences, le sentiment d'être reconnu et estimé pour ce que l'on est au plus profond de soi. On se sent alors aimé sans raison en dépit de ses laideurs, de ses défauts, de ses insuccès et de ses transgressions. On se sait relié à la Source de l'Amour et inséparable d'elle. Plus fort que le plaisir, la joie, la satisfaction de soi, cet amour désigne le chaud sentiment de sécurité et de confiance dans l'existence même. Bien qu'on éprouve par moments un sentiment légitime de culpabilité pour ses fautes ou ses erreurs, le sentiment d'avoir été accepté et pardonné une fois pour toutes s'avère le plus fort. Il procure l'assurance de ne plus jamais être exposé à perdre cette source d'amour infini. On sait que, à tout moment, on a la capacité de s'abreuver à cette source et de se sentir confirmé dans l'amour.

L'amour de soi, dont la source reste toujours l'amour du Soi, atteint des dimensions à peine imaginables. Si l'estime de soi permet l'amour des autres, combien plus l'amour du Soi décuplera l'intensité de l'amour d'autrui. Après avoir découvert l'amour du Soi, nous serons à même de vivre de l'amour du pardon.

(Voir la stratégie « Acquérir l'amour inconditionnel ».)

La démarche du pardon, qui demande un dépassement dans l'amour, est à la fois une entreprise humaine et un don divin. Comme dans le deuil, la participation et de l'ego et du Soi est requise, celle de l'ego pour se guérir de la blessure, et celle du Soi, pour aimer d'une générosité surhumaine.

Les deux grands moments du pardon

Guérir son estime de soi

> En premier lieu, fais la paix avec toi-même,
> alors tu pourras apporter la paix aux autres.
>
> Thomas à Kempis

Comme l'affirme Margaret Holmgren[49], il est essentiel que la guérison de l'estime de soi sous la forme du respect de soi soit amorcée dans une démarche de pardon. Sinon, le pardon est une réalité illusoire et impossible.

Il est important de reconnaître que l'estime et le respect de soi ont été abîmés par l'offenseur. Or, plusieurs, sous prétexte de pardonner, ont tendance à nier leur blessure et la refoulent de diverses façons : ils excusent l'offenseur; ils se sentent coupables de l'avoir provoqué; ils essaient d'oublier; ils désirent se montrer magnanimes; etc. Ils se trahissent à nouveau en refusant de reconnaître leur émotivité blessée. Bref, ils ne veulent pas envisager l'humiliation et le dommage à l'estime d'eux-mêmes et à leur dignité.

J'ai déjà énuméré en détail, dans mon ouvrage *Comment pardonner?*, les tâches psychologiques contribuant à la guérison de l'offense. J'insisterai ici sur une étape d'une importance capitale : le pardon à soi-même. Une des conséquences désastreuses de l'offense est l'identification de soi avec l'offenseur. Par un phénomène curieux, la victime est « contaminée » par les gestes offensifs au point qu'elle veuille les répéter soit sur les autres, en particulier sur l'offenseur, dans la vengeance, soit sur elle-même, par une sorte d'autopunition. Dans ce contexte, le pardon à soi signifie réconcilier en soi l'offenseur et la victime, à savoir stopper l'offenseur en soi et sortir de la victimisation.

---

[49] «Forgiveness and Self-Respect», dans *The World of Forgiveness*, vol. 1, n⁰ 2. Voir le site Internet de l'*International Institute of Forgiveness* (www.forgiveness-institute.org).

En d'autres termes, avant de penser à pardonner à l'offenseur, l'offensé doit rétablir son harmonie brisée par l'offense. Pour ce faire, il doit faire appel à une instance supérieure à celle de l'ego, qui est pris à la fois dans le rôle d'offenseur et de victime. C'est le Soi qui peut sortir l'ego de l'impasse et recréer son unité pour le préparer enfin à faire l'expérience du don divin de se savoir pardonné.

(Voir la stratégie « Pratiquer le pardon ».)

Faire l'expérience d'un amour inconditionnel

Une question se pose aujourd'hui : le pardon humain sans l'aide de Dieu est-il possible? Oui, répondent certains psychologues humanistes, réduisant le pardon à une simple technique thérapeutique. Cette position est, à mon avis, dangereuse. Elle détourne le pardon de sa fin propre : un dépassement dans l'amour de ses offenseurs. Ce qui permet de poser un geste d'une telle générosité, c'est le sentiment profond d'être aimé et pardonné d'une façon inconditionnelle par le Soi. Cette instance sacrée, alimentée par tous les pardons reçus au cours de sa vie, rendra possible un geste aussi sublime. En effet, comment peut-on aimer si on n'a pas le sentiment d'avoir été aimé gratuitement? De même, comment peut-on pardonner si on n'a pas l'intime conviction d'avoir été soi-même pardonné sans condition?

Le « pardonneur » jouit de la « grâce » du Soi qui confère un amour particulier, supérieur à tout amour humain. C'est ce qui lui permet de pardonner à son tour. De fait, son pardon n'est que l'écho du pardon du Soi, image de Dieu en lui. Dans un certain sens, le « pardonneur » n'est pas l'auteur de son pardon, mais il permet que le pardon divin passe par lui. Bref, la force du pardon reçu du Soi le rend capable de pardonner à son tour.

L'acquisition de la sagesse

Quel est le sens que je donne à ma vie? Quelles sont mes raisons de vivre? Déjà, Carl Jung constatait que plus du tiers de ses clients étaient à la recherche d'un sens à donner à leur vie. Il affirmait que le vide qu'ils éprouvaient était à l'origine de nombreuses névroses. Il écrivait : « Une névrose doit être comprise comme une souffrance de l'âme qui n'aurait pas découvert une raison d'être. »

Un peu plus tard, Frankl faisait la même constatation. D'une façon plutôt brutale, il demandait à ses clients : « Qu'est ce qui vous empêche de vous suicider? » Il les forçait ainsi à exprimer leurs raisons de vivre. Frankl rapportait les conclusions d'une étude statuant que plus de 55 % des patients souffraient d'une forme ou d'une autre de vide existentiel. Il décrivait ces malaises de l'âme en termes de « vacuité existentielle » ou de « frustration existentielle » et il les appelait les « névroses nöogéniques » (*nöos* désignant l'esprit).

C'est en consultant *l'archétype du sage* qu'on a le pouvoir de répondre à la question du sens de la vie. Plusieurs y ont trouvé une réponse dans les grandes religions traditionnelles ou dans des propositions philosophiques. Mais pour combien de temps? La perte de la foi et de la confiance en la vie viennent aggraver leur détresse existentielle.

Les gens réagissent au vide intérieur de façons diverses. Ils sont à la merci des « marchands de bonheur ». Les uns se distraient par la surconsommation, le jeu, les drogues, les prouesses sexuelles, etc. D'autres s'endorment dans le divertissement au sens pascalien du terme. D'autres recherchent le sens de leur vie chez des sectes et leurs gourous. Plusieurs insatisfaits déclarent la vie absurde et envisagent le suicide. L'antidote de Frankl à ce vide de l'âme est la « volonté de sens » (*will to meaning*). Cette sagesse, il l'a acquise dans les camps de concentration. Il a constaté que lorsque les prisonniers avaient perdu toute raison de vivre ils se laissaient mourir ou se suicidaient. La « volonté de sens », loin d'être une idée abstraite ou une théorie, est une continuelle passion de vivre.

La logothérapie, école fondée par Frankl, enseigne que pour donner un sens à sa vie, on doit apprendre : i) à découvrir sa mission, son apport original à la communauté; ii) à expérimenter des valeurs dont l'amour, la créativité, la communion avec la nature; iii) à trouver une raison d'être à sa souffrance. L'épanouissement personnel (*self-actualization*) ne lui semble pas une voie profitable pour trouver une raison de vivre. Frankl y voit le danger d'être replié sur soi-même et de tourner en rond[50]. Pour ma part, je ne comprends pas que l'actualisation de soi soit une menace si elle débouche sur une transcendance, sur un Tout-Autre. En effet, Carl Jung, par exemple, a été toute sa vie durant à la recherche de lui-même, et sa réflexion a abouti à la découverte du Soi transcendant. C'est l'itinéraire qu'il propose dans son ouvrage de maturité, *Modern Man in Search of a Soul*.

Le sens de la souffrance

On ne doit pas tomber non plus dans l'utopie de prétendre qu'il est toujours facile de trouver un sens à sa vie. À certains moments, la vie apparaît dépourvue de sens (*meaningless*), comme dans les périodes de grand malheur, de perte substantielle ou de grave blessure. On ne s'y retrouve plus. Il importe alors de trouver une oreille attentive, prête à écouter le trop-plein d'émotions. Une fois la personne forte de cet appui affectif, et seulement après, l'écoutant pourra faire appel à la sagesse du Soi de la victime. Ce qu'il fera, en lui posant les questions suivantes et en l'invitant à laisser venir les réponses de la sagesse du Soi :

- As-tu appris quelque chose de la souffrance du deuil ou de l'offense subie?

- Quelles nouvelles ressources de vie as-tu découvertes en toi?

- Quelles limites ou fragilités as-tu découvertes en toi et comment as-tu réussi à t'en sortir?

- Es-tu devenu plus humain et compatissant envers les autres?

- Quel nouveau degré de maturité as-tu atteint?

---

[50]   V. FRANKL, *Découvrir un sens à sa vie : Avec la logothérapie*, Montréal, Éditions de l'Homme, coll. « Actualisation », 1988, p. 119-120.

- À quoi cette épreuve t'a-t-elle initié?

- Quelles nouvelles raisons de vivre t'es-tu données?

- Jusqu'à quel point ta blessure a-t-elle révélé le fond de ton âme?

- De quelle façon vas-tu désormais poursuivre le cours de ta vie?

Je suis toujours étonné d'entendre les réflexions originales, constructives et porteuses de sens à la vie que font mes clients en réponse à ces questions.

La découverte de sa mission

> *Essayez, avec l'aide de Dieu,*
> *de percevoir le lien — même physique et naturel —*
> *qui relie votre travail à la construction du royaume des cieux.*
> Teilhard de Chardin

La mission, ou ce à quoi renvoient les termes synonymes « vocation » et « vision », dépend pour se réaliser du « guide intérieur », un autre archétype du Soi. L'abandon de l'ego au Soi permet de découvrir son projet de vie dans des inclinations persistantes du cœur pour une certaine activité au service des autres. Le guide intérieur, en plus d'entretenir ce penchant, met la personne en contact avec l'Univers et la rend sensible aux besoins de ses contemporains. Il l'encourage à développer ses énergies et ses talents pour le bien de la communauté.

Les particularités de la mission

L'identité, origine de la mission

> *Votre vision deviendra claire*
> *seulement si vous regardez dans votre cœur.*
> *Qui regarde à l'extérieur se perd dans les rêves;*
> *qui se regarde de l'intérieur s'éveille.*
> Carl Jung

John Firman écrit : « Le Soi me donne [...] délibérément mon individualité et ma liberté, ma conscience et ma volonté — il me donne "moi". Le Soi ne cherche pas à m'emprisonner ou à m'écraser, mais à me permettre de réaliser mon caractère unique, ma liberté et ma vocation dans la vie[51]. » Ce texte se passe de commentaires; il fait apparaître le lien entre mission et identité. Or, l'identité est donnée par le Soi, et l'archétype du « guide intérieur » donne l'intuition de sa mission.

Certains ont tendance à assimiler la mission à la notoriété ou au vedettariat. Pour eux, réussite sociale et popularité sont signes de l'authenticité de la mission. Ils ont tort! On ne peut pas identifier la mission avec la *persona* sociale. La mission relève des intuitions du Soi et elle est tournée vers le service des autres. Elle a sans doute besoin d'être reconnue par la communauté, mais elle ne se confond pas avec la notoriété.

La mission se révèle à travers une passion persistante

La mission personnelle revêt diverses formes : une passion, un idéal à poursuivre, un but important à atteindre, un désir profond et persistant, une inclination durable de l'âme, un enthousiasme débordant pour un type d'activité. La passion qui caractérise la mission a quelque chose de permanent. Loin d'être un caprice du moment ou une déviation pathologique, elle devient le « rêve de l'âme » qui poursuit la personne, même quand celle-ci le refuse. Elle ressemble à un destin qu'on peut malheureusement dénier et repousser.

Le sentiment de sa mission est une expérience-sommet

Quand le sentiment ou l'intuition de sa mission frappe, la personne est prise d'un grand enthousiasme, d'un emballement, caractéristique d'une expérience-sommet. Cette percée du Soi n'est

---

[51]   J. FIRMAN, *op. cit.*, p. 190.

pas sans susciter chez l'ego l'angoisse d'avoir à s'abandonner. Au beau milieu de cet enthousiasme, l'ego craint l'aventure de la mission; il est pris de panique face à l'inconnu et il a peur de perdre la sécurité acquise. Le sage musulman indien Kabir affirmait : « Ce que Dieu murmure à la fleur, il a beau le crier aux oreilles de l'homme… » Ce mélange d'enthousiasme et de peur n'est-il pas cependant signe du caractère sacré de la réalité à vivre?

La mission met en contact avec l'Univers

Une personne qui venait d'exprimer son énoncé de mission s'est mise à pleurer tant elle se sentait émue. Elle disait : « J'ai trouvé ma place dans le monde; je n'aurai plus à me comparer aux autres et à être jalouse d'eux. »

La découverte et la poursuite de sa mission donnent une raison de vivre, confèrent un sens à sa vie et augmentent l'estime et la confiance en soi. On prend alors conscience que son projet de vie a des incidences plus vastes qu'on ne pouvait le croire. En réalisant sa mission, on se trouve connecté à des « champs d'énergie » en lien avec l'Univers.

En disant « oui » à l'appel de son guide intérieur, on entre dans le mouvement de cocréation de l'Univers. On participe à une intelligence et à une sagesse universelles nommées Providence.

(Voir la stratégie « Découvrir sa mission ».)

La fonction de guérison

Le Soi a également pour fonction de guérir sa personne et autrui grâce à l'archétype du « guérisseur intérieur ». En anglais, deux termes désignent la guérison : *cure* et *healing*. En biomédecine, le soignant a pour idéal la seule cure physique du malade ou de l'organe malade. Le médecin-spiritualiste Deepak Chopra affirme que ce genre de médecine repose uniquement sur des présupposés matérialistes. Elle est donc centrée sur l'utilisation de médicaments ou de pratiques thérapeutiques exercées uniquement sur l'organe malade.

La biomédecine s'intéresse très peu à toute la personne en tant que telle; elle n'encourage pas non plus les interactions trop personnelles du patient avec le soignant. Celles-ci risqueraient en effet de gêner la rationalité scientifique et les procédures biomédicales telles que les analyses et les investigations diagnostiques. Ces relations trop proches apporteraient une subjectivité et nuiraient de plus à la rigueur scientifique des ordonnances et à la coordination des divers soins spécialisés. Le malade est considéré comme un objet d'étude scientifique, les autres dimensions de son être étant systématiquement oubliées.

En revanche, le soignant de type *healer*, le guérisseur, exerce une fonction transcendante, il tient compte de toutes les dimensions de la personne malade : physique, émotionnelle, sociale, spirituelle. Il fait partie d'une longue tradition de guérisseurs qui désirent corriger le manque d'harmonie du malade avec lui-même, son milieu et son monde spirituel. Il ne manque certes pas de se servir de son savoir-faire, mais il le fait en tenant compte particulièrement de la dimension spirituelle du patient.

La question spirituelle est au cœur des préoccupations de la médecine moderne holistique. Carl Jung considérait que la spiritualité était un élément essentiel pour la santé de la psyché humaine; dans toutes les névroses qu'il soignait, il voyait la « souffrance d'une âme qui a perdu son sens ».

Le guérisseur reconnaît le Soi du malade et il établit une collaboration avec lui. Il compte sur le « guérisseur intérieur » du malade, confiant que celui-ci possède en lui-même toutes les ressources nécessaires pour se refaire une santé. Bref, il stimule le Soi guérisseur du malade pour que celui-ci apprenne à se guérir.

Le guérisseur blessé

Ce soignant possède une sagesse particulière. Son savoir, il l'aura acquis lors d'une initiation où il aura fait l'expérience de la maladie, de la vulnérabilité et de la guérison de lui-même et par lui-même. Il restera donc un « guérisseur blessé ». Plus qu'un professionnel de la santé qui ne compte que sur sa compétence, il fera profiter le malade de sa propre expérience de la maladie et de sa guérison.

Il connaît les conditions de la guérison : son expérience de la maladie l'a rendu humble et compatissant à l'égard des personnes qui souffrent. Il garde constamment le souvenir de sa blessure guérie et de sa propre vulnérabilité. Il a toutefois dépassé la crainte d'un retour de la maladie, et même l'anxiété devant la mort. On peut donc affirmer qu'il a en partie intégré son ombre de soignant : la peur de tomber malade lui-même, la jouissance de voir à leur tour les autres atteints par maladie et l'espoir d'avantages sociaux, puisque son travail rémunéré et son statut social proviennent des problèmes de santé d'autrui. Il désire sans ambiguïté la guérison de ses malades. Il a dépassé l'attitude ambivalente du docteur Knock qui, dans la pièce de théâtre de Jules Romains, désirait « la conservation du malade aussi longtemps que possible ».

Le guérisseur connaît l'état émotionnel de ses malades et leur trouble intérieur; il devine les conflits personnels et sociaux qui les ont mis dans un tel état. Il les aide à résoudre leurs conflits en leur apprenant à se pardonner et à pardonner aux autres. Il les motive à réveiller leur propre pouvoir de guérison et à apprécier leurs progrès, si petits soient-ils, dans le sens de leur récupération.

Les maladies sont d'origine psychique

> *Lorsque la conscience est fragmentée,*
> *elle déclenche une guerre*
> *dans le système corps-esprit.*
>
> Deepak Chopra

Je soutiens que la maladie est occasionnée par un conflit intérieur, par une opposition entre deux parties de soi : deux émotions contraires (aimer et haïr une personne), deux valeurs qui s'entrechoquent (dépenser son argent ou le donner aux pauvres), deux attitudes (se révolter contre son patron ou lui obéir aveuglement), deux options (changer d'emploi ou conserver le même poste), deux devoirs moraux (être fidèle à son époux ou avoir un amant), deux réactions (désirer se venger ou s'autopunir), etc.

Il n'est pas rare que les conflits intérieurs s'aggravent lors de circonstances malheureuses telles que la perte d'un être cher, une grande déception, un outrage blessant, la perte de sa réputation, une brisure affective, etc. Dans le deuil, en particulier, on observe une tension entre la résistance à ne pas se laisser aller aux émotions et le besoin d'exprimer ses émotions; dans le processus du pardon, la personne est divisée entre le désir de se venger et celui de se punir en s'identifiant à l'offenseur. Tous ces drames de la vie causent des fragmentations de l'être qui s'entrechoquent et détruisent l'équilibre psychique. Souvent, la maladie physique suit de tels événements pénibles. Il est étrange qu'on ne fasse que très rarement le lien entre la maladie et les situations traumatisantes.

Le conflit intérieur est une source de stress. Les études sur le stress ont tendance à accorder de l'importance aux facteurs extérieurs et à passer sous silence les conflits intérieurs. Quand la tension de ces stresseurs internes augmente en intensité, elle engendre un stress débilitant, une détresse. Elle affaiblit entre autres le système immunitaire et rend l'organisme vulnérable à tout virus ou microbe, et ultimement à toutes les maladies. Le grand chercheur Hans Selye a réalisé des travaux bien documentés sur la dangerosité d'un trop grand stress[52]. Dans la même ligne de pensée, le docteur Ryke Geerd Hamer affirme avoir découvert dans les neurones mêmes du cerveau les traces matérielles d'un conflit psychique qui tourne en conflit biologique. Il explique que plusieurs formes de cancer seraient dues à des conflits psychiques non résolus et exacerbés par des situations stressantes[53].

---

[52] H. SELYE, *Le stress sans détresse*, Montréal, Les Éditions de la Presse, 1974.

[53] Cf. son site Internet : www.medecinenouvelle.com.

La situation du malade se complique quand le conflit s'avère partiellement inconscient. S'il y a une partie consciente qui provoque une résistance inconsciente, le malade ne perçoit pas le conflit ou l'impasse dans lequel il vit, mais il le ressent sous forme de malaise (*disease*), d'angoisse ou d'anxiété. Par exemple, beaucoup désirent guérir, mais inconsciemment ils ne veulent pas renoncer aux gains secondaires que leur apporte la maladie : le repos, la déresponsabilisation, un prétexte pour ne pas se sentir coupable, une impuissance cultivée, etc.

Le Soi comme guérisseur intérieur

S'il n'est pas résolu par l'action d'harmonisation du Soi, le conflit intérieur a tendance à se répercuter dans le corps sous forme de maladie. Mais si le Soi parvient à résoudre la polarité stressante, la maladie s'évanouit d'elle-même, n'étant plus alimentée par aucun élément de stress. C'est ce que Carl Jung appelle *reconciliatio oppositorum*, la réconciliation des opposés.

La méthode préconisée pour effectuer cette réconciliation est la suivante : en premier lieu, le guérisseur devra détecter chez son client les polarités stressantes, qui se manifestent extérieurement par une incongruence simultanée — par exemple, il agite la tête comme s'il disait « non » et dit « oui » —, ou par une incongruence séquentielle — par exemple, il répète « oui, mais... » En deuxième lieu, il devra « latéraliser » les deux parties de la polarité en les ancrant dans les deux mains respectivement. En troisième lieu, faisant appel au Soi de son client, il lui demandera d'intégrer ces deux parties opposées. Finalement, il fournira des suggestions pour lui permettre de poursuivre l'intégration. Souvent, des symboles intégrateurs apparaissent à ce moment. Ils signalent la guérison des tiraillements intérieurs, les deux parties opposées devenant complémentaires et constructives de la personnalité.

(Voir les stratégies : « Réintégrer ses ombres », « Guérir par la résolution de ses conflits ».)

Ce même phénomène d'intégration se produit dans le domaine artistique. Il arrive qu'une œuvre d'art nous accroche, nous « parle », nous inspire et nous donne le sentiment qu'une tension intérieure atteint un niveau de résolution et d'intégration.

(Voir les stratégies suivantes : « Guérison par le rituel du contact avec le Soi », « Célébrer l'instance du Soi ».)

Conclusion

J'aurais pu choisir de développer d'autres archétypes que le parent aimant, le sage, le guide et le guérisseur. Mais je voyais dans ces archétypes la meilleure réalisation du bonheur. Le fait d'être aimé et d'aimer, d'avoir une vue sapientielle sur sa vie, de trouver sa place dans l'Univers en exerçant une mission et de pouvoir se guérir m'a paru essentiel pour se construire une certaine félicité.

Troisième partie

De la spiritualité du Soi
à la foi chrétienne

*Une sagesse ou une religion qui n'aide pas l'être humain
à trouver son épanouissement [...] dans son quotidien
risque d'être une aliénation.*
Bernard Hugueux

Une certaine spiritualité chrétienne rejette l'estime de soi

Une certaine spiritualité chrétienne est restée chargée d'un lourd passé de suspicion à l'égard de l'estime de soi. Elle s'en méfiait de peur de promouvoir l'égoïsme, l'ennemi de l'amour désintéressé. Dans un tel contexte, la confiance en soi passait pour de l'arrogance et l'affirmation de soi, pour de l'orgueil. N'était-ce pas le péché le plus redoutable, celui de Lucifer et des hérétiques insoumis?

Appuyée par une théologie doloriste, cette spiritualité préconisait l'abaissement désordonné de soi et la recherche des humiliations. Elle présentait aux chrétiens un chemin de perfection où l'on devait se réjouir d'être humilié. Elle proposait l'imitation du Christ qui a préféré les humiliations de la Croix à la gloire du royaume céleste.

Maurice Bellet caricature cette orientation spirituelle et dénonce cette prétendue vertu chrétienne qui se nourrissait de mésestime de soi :

On se méfiera donc soigneusement de l'estime qu'on a pour soi-même et de la prétention qui en résulte. On sera attentif à ses manques plutôt qu'à ses dons présumés. On craindra le succès qui tourne la tête. On préférera le travail invisible, modeste, méprisé; on ne le jugera point indigne des capacités qu'on croit avoir. On bénira Dieu des échecs : épreuves salutaires qui nous ramènent à notre vraie misère. [...] Ainsi pratiquera-t-on un peu cette haine de soi que recommande l'Évangile[54].

Ce texte rappelle les ouvrages *L'imitation de Jésus Christ* et *Les degrés d'humilité* selon la règle de Saint Benoît[55]. Cette vision de la personne a déformé la spiritualité de milliers de religieux éducateurs qui, à leur tour, ont transmis ce triste héritage à une multitude de chrétiens.

On me dira : « C'est du passé! La jeune génération ne pense plus comme cela. » Rien n'est moins sûr! Le mouvement de la mésestime de soi anime encore certains chrétiens jansénisants qui dénoncent, par exemple, les apports des sciences humaines dans l'épanouissement de la personne. Sébastien Moore déplore les convictions de ces chrétiens fondamentalistes. Pour lui, opposer la spiritualité chrétienne à une psychologie favorisant l'estime de soi constitue une erreur désastreuse. De fait, la pauvre image de soi prêchée par ce genre de spiritualité met davantage l'accent sur les effets du péché originel que sur l'action transformatrice de l'Esprit[56].

Une certaine littérature spirituelle actuelle ne s'est pas libérée d'un sentiment de gêne ou de malaise devant les enseignements de l'estime de soi comme source d'épanouissement de son être. Un

---

54 M. BELLET, « De la nécessité de s'estimer soi même », *Christus : Revue de formation spirituelle*, n° 104, t. 26, octobre 1979, p. 390-391.

55 Exemples rapportés par A. CHRISTOPHE et F. LELORD dans leur ouvrage *L'estime de soi*, p. 37.

56 S. MOORE, *Let This Mind Be in You : The Quest for Identity Through Œdipus to Christ*, Minneapolis, Winston Press, « A Seabury Book », 1985, p. 47.

exemple récent : Bernard Pitaud, de l'Institut de formation des éducateurs du clergé de Paris, déclare : « Une chose est sûre : pour un chrétien, l'harmonie avec soi-même n'est pas un but en soi, et la guérison psychologique n'est pas le salut ». Il ajoute : « Le sommet de la vie spirituelle, c'est l'harmonie ou plutôt l'union avec Dieu[57]. » Il oppose, pour ainsi dire, l'« harmonie avec soi-même » et l'« union à Dieu », comme s'il était préférable d'atteindre une harmonie avec Dieu sans en même temps chercher un équilibre psychologique. Quelques lignes plus loin dans son article, il reconnaît cependant que, chez la plupart des gens, l'union à Dieu demeure impossible en raison de leur affectivité blessée. Il est donc obligé d'admettre, bien malgré lui, que le chemin de l'union à Dieu passe normalement par un équilibre psychologique fait d'une intériorité saine, d'estime de soi et de mise en valeur de ses dons personnels, sans oublier bien sûr la reconnaissance de ses misères.

Dans le discours religieux contemporain, on trouve de sérieux efforts pour rehausser l'estime de soi et la confiance en soi. Par contre, la mémoire collective de la spiritualité chrétienne centrée sur l'humiliation traverse les générations et continue d'influencer la conduite des chrétiens. Certains continueront à en être hantés même dans leur révolte. Ils se sentent encore embarrassés par leur formation reçue à l'abaissement de soi et à la haine de soi.

Il n'est pas étonnant que des psychologues, sociologues, philosophes « freudo-nietzschéo-marxistes » aient pris le contre-pied de cette spiritualité masochiste et qu'ils se soient mis à louer les grandeurs prométhéennes de l'homme et sa toute-puissance. Ces philosophies athées tombèrent dans l'excès contraire. Elles glorifièrent indûment l'être humain, mais en cachant sa misère.

Une telle spiritualité chrétienne déviée a confondu la vertu de l'humilité chrétienne et l'humiliation. L'humilité, reconnaissance en vérité de ses dons et de ses limites, n'a rien à voir avec une recherche

---

57 B. Pitaud, « Perdre sa vie pour la trouver », *Christus : Revue de formation spirituelle*, t. 47, n° 188, octobre 2000, p. 429.

triste de l'humiliation. De plus, ce mouvement de pensée pervertit le mystère de la Croix de Jésus Christ : il en fait une source de dolorisme. La passion de Jésus a été un événement ponctuel, une preuve d'amour démesuré pour l'humanité. Mais elle ne représente pas un modèle de souffrance à perpétuer. C'est la résurrection qui est première dans la pensée de Dieu et non la passion et la mort; c'est la Vie qui a priorité sur la mort : elle a fini par la vaincre.

Des témoins de l'authentique spiritualité chrétienne attestent l'importance de l'estime de soi

À l'occasion d'une entrevue, le théologien suisse Eric Fuchs affirma, en parlant du mouvement pour l'estime de soi : « [...] tout n'est pas négatif dans cette recherche d'épanouissement. À travers des manifestations parfois un peu baroques, il y a quelque chose que je trouve juste : une volonté de vivre en accord avec soi-même, d'atteindre cette *"estime de soi"* dont parle Paul Ricœur[58]. » Nous présentons ici quelques citations de spirituels chrétiens qui, loin de mépriser l'estime de soi, en font la promotion.

D'abord, des pères de l'Église et des saints ont exprimé des vues tout à fait justes sur l'être humain.

« La gloire de Dieu, c'est l'homme vivant et la vie de l'homme, c'est la vision de Dieu. » (Saint Irénée, IIe siècle)

« Nul ne vous est si proche que vous-même. » (Saint-Bernard de Clairvaux, 1090)

Commentant la phrase de l'évangile « Tu aimeras ton prochain comme toi-même » (*Matthieu* 22, 39), saint Thomas, docteur de l'Église, écrit : « L'amour de soi étant le modèle de l'amour des autres l'emporte sur ce dernier comme principe[59]. »

---

58   J.-P. GUETRY, « S'estimer soi-même. Une interview d'Eric Fuchs », *L'Actualité religieuse*, n° 168, 15 juillet-août 1998, p. 34.

59   Somme théologique, IIa, Q 26, art. 4.

Voici maintenant des témoignages de maîtres spirituels :

« Que je sois un homme, cela je l'ai en commun avec tous les hommes. Que je voie et que j'entende et que je mange et que je boive, cela m'appartient avec tous les animaux. Mais que je sois "je", cela m'appartient exclusivement. Cela n'appartient qu'à moi et à personne d'autre, à aucun autre homme ni à un ange ni à Dieu, excepté dans la mesure où je suis un avec lui. » (Maître Eckart)

« La grandeur de Dieu se révèle dans la grandeur de l'homme. » (Maurice Zundel, écrivain spirituel du XXe siècle)

« Il y a des gens qui ne s'aiment plus eux-mêmes et qui ont perdu la capacité d'aimer les autres. Ils se renferment dans leur coquille et prônent l'individualisme. Il faut qu'ils se réconcilient avec la vie. » (Jean Vanier[60])

« Comment l'homme pourrait-il avec justice détester et avilir, en lui-même, ce que Dieu a créé avec amour? Quel Dieu, quel Père est-ce là, qui trouverait plaisir à ce que nous dédaignions, meurtrissions et finalement détruisions l'image de Dieu que nous sommes? » (Maurice Bellet)

« Une dévalorisation de la personne empêche de rendre Dieu crédible; mais un sens de sa grandeur la situe aux frontières de la foi en Dieu. » (Sébastien Moore, moine bénédictin anglais[61])

Tous ces témoins de la spiritualité chrétienne viennent confirmer que l'épanouissement de soi, loin d'être un obstacle à la vie chrétienne, en est le moteur. On puise la capacité d'aimer les autres et Dieu dans la capacité de s'aimer soi-même d'un bel amour qui n'est ni caprice, ni égoïsme, ni individualisme.

Cette manière non équivoque de privilégier l'estime de soi et du Soi aura un impact important sur le comportement des

---

60   À l'occasion d'une conférence à la Cathédrale d'Ottawa, le 18 mai 1998.

61   Je remercie mon ami Gérald Crausaz qui m'a fourni la plupart des textes cités.

évangélisateurs. Il est essentiel que celui qui annonce la Bonne Nouvelle s'estime lui-même. Par son être, par ses gestes, il doit être « une bonne nouvelle ».

De la spiritualité de l'estime du Soi
à la spiritualité chrétienne

L'engouement pour une spiritualité du Soi

Lors d'une conférence que je donnais à Fribourg en Suisse, un étudiant me demanda : « Ne pourrions-nous pas nous satisfaire d'une spiritualité du Soi, du divin, plutôt que de croire à toutes ces religions? » La question dénotait une nette méfiance envers les religions institutionnalisées et un attrait non moins manifeste pour une spiritualité naturelle, libérée de toutes contraintes ecclésiastiques.

Dans la même perspective, il est intéressant de lire le dossier de l'*Actualité des Religions*[62] où est posée la question : « Y a-t-il une spiritualité laïque? » Sans vouloir entrer dans ce débat, je signale une parenté entre la spiritualité du Soi et la spiritualité laïque. Comme celle-ci, elle est « autonome », « sensible à la dignité humaine », « en quête d'une pensée libre », « tolérante », « mystique sans religion », « vie habitée par un souffle », « elle prend le relais des religions », « elle fait l'expérience de l'absolu », etc.

Ces ressemblances admises, la spiritualité jungienne du Soi ne reflète pas l'esprit politisé et anticlérical de la spiritualité dite laïque. Loin d'être antireligieuse, elle recherche l'intériorité et l'expérience religieuse. Elle invite à voir dans les symboles sacrés « naturels » autant de « révélations » naturelles du divin. Elle diffère cependant des religions institutionnalisées aux formules dogmatisantes et aux rituels fixés. Elle est une démarche psychospirituelle, une sagesse; elle trace le chemin vers une maturité psychologique au cœur de

---

[62] Dossier « Y a-t-il une spiritualité laïque? », *Actualité des Religions*, n° 27, mai 2001, p. 12-25.

laquelle résident le spirituel et le sacré. Selon la spiritualité du Soi, l'évolution psychospirituelle a une finalité : l'individuation. Ce terme de Carl Jung décrit la réalisation la plus complète possible de l'être d'une personne. Loin d'être antireligieuse, la spiritualité du Soi reconnaît une importance primordiale à la religion, au sens étymologique du mot, de *religare*, « relier les choses entre elles ». Elle est fondée sur le caractère divin de l'âme humaine et sur les archétypes transcendants, qui sont autant de « révélations naturelles » du sacré.

Bien que Jung se défendît de vouloir transmettre un héritage doctrinal — « Je puis seulement espérer et souhaiter que personne ne devienne "jungien" » — il a eu des successeurs qui, groupés en associations, propagent ses découvertes et prolongent ses recherches.

Les théories de Carl Jung ont donné naissance entre autres au mouvement humaniste du « Transpersonnel » que M.A. Descamps décrit en ces termes : « Un niveau d'Être qui transcende l'ego ou le moi individuel, dépasse la notion de personne dans des états d'expansion non ordinaires de conscience, et atteint le Soi (Jung), le subconscient (Teilhard de Chardin), le Surhumain (Sri Aurobindo), La Nature de Bouddha [...] Il s'exprime à travers les Mythes, les Symboles, les Expériences de Sommets[63]... »

En plus de ces mouvements de spiritualité naturelle, la psychologie analytique du Soi a inspiré la naissance d'une nébuleuse, composée de mouvements spirituels assez diversifiés et hétéroclites qui se réclament pour la plupart du Nouvel Âge.

J'aurais souhaité discuter divers problèmes et opinions que suscite la spiritualité du Soi telle que conçue par Carl Jung. Mentionnons entre autres l'accusation de gnosticisme, la confusion de la notion du Soi et de Dieu, le côté-ombre de Dieu, les dérives possibles en raison de l'interprétation des symboles, etc. Mais entrer dans ces problématiques me ferait perdre de vue le point essentiel de ce

---

[63] Cité par Y. TARDAN-MASQUELIER, *Jung, la sacralité de l'expérience intérieure*, p. 204.

chapitre, à savoir l'étude des relations du Soi à la foi chrétienne. Je me limiterai donc à montrer que la spiritualité du Soi constitue une structure d'accueil à la foi chrétienne.

La spiritualité de l'estime du Soi : une structure d'accueil essentielle à la foi chrétienne

L'affirmation de l'âme humaine et de son caractère sacré

En 1992, John Sanford, théologien et psychothérapeute jungien, déplorait l'absence presque complète d'une préoccupation de l'âme humaine : « Aujourd'hui, l'idée du soin de l'âme est tombée en désuétude excepté dans certaines formes de christianisme mystique et introspectif, et dans certaines psychologies, spécialement dans la psychologie jungienne[64]. » À peine une décennie plus tard, le « soin de l'âme » est devenu un sujet populaire non seulement chez des spirituels, mais chez des psychologues qui s'intéressent de plus en plus à l'étude du Soi. Par un curieux retour des choses, ceux-ci reviennent à l'objet premier de leur science, à savoir l'étude de l'âme humaine.

Avec sa spiritualité du Soi, Carl Jung allait à l'encontre de tous les humanismes athées de son temps. Il ne s'est pas contenté de faire appel à un principe central et organisateur de la personnalité, mais il a qualifié ce Soi d'*imago Dei*. Il a ainsi allié à sa longue recherche scientifique la sagesse séculaire des grandes religions. Il a emprunté au bouddhisme le concept du Soi, et au christianisme l'« image divine » pour désigner l'âme. N'a-t-il pas affirmé que les religions, en plus de relier l'âme à Dieu, sont des systèmes de guérison de maladies psychiques et que la psychologie a besoin des intuitions

---

64   J.A. Sanford, *Healing Body and Soul : The Meaning of Illness in The New Testament and Psychotherapy*, Louisville, Kentucky, Westminster/John Knox, 1992, p. 58.

véhiculées spécialement par le christianisme et le bouddhisme pour lui fournir une sagesse qui la dépasse[65] ?

Aussi, le travail sur soi et, spécifiquement, le travail sur le Soi proposé par la psychologie jungienne aide à découvrir et à faire l'expérience de son âme. Par le moyen des diverses techniques et stratégies de la voie négative et de la voie positive, non seulement on garde contact avec l'âme, mais on la considère comme un facteur essentiel dans la guérison et l'épanouissement de la personne. Toutes ces méthodes consacrées aux soins de l'âme s'harmonisent bien avec celles de la tradition chrétienne telles la prière, la méditation, la contemplation et l'utilisation des symboles dans les rites sacramentels.

La spiritualité du Soi repose sur le désir de l'infini

Le Soi et ses symboles évoquent en nous le désir de l'infini. L'ouverture sur l'infini prend la forme d'images symboliques du Soi, représentant la totalité, l'absolu et l'infini — tels la pierre précieuse inestimable, le diamant indestructible, l'or pur, l'eau vive, la renaissance du phénix de ses cendres, l'élixir de l'immortalité, la « pierre philosophale », le royaume, etc. —, puis des figures comportant un centre autour duquel s'organise la totalité de l'espace : le mandala, la croix, l'étoile polaire, les figures cubique et circulaire. La spiritualité du Soi ouvre donc sur des réalités spirituelles et éternelles exprimées par des thèmes mythiques naturels et universels. Elle suscite déjà chez la personne qui la pratique un éveil spirituel et une soif de l'infini. À cet égard, elle prépare l'acte de foi en Celui qui seul peut combler ce désir d'infini.

À propos de l'aspiration humaine à l'infini, on lira avec profit les pages de Jean Houston sur la recherche du Bien-aimé divin[66].

---

65   C.G. JUNG, *Modern Man in Search of a Soul*, New York, Harcourt, Brace & World, « A Harvest Book », 1969, p. 240-241.

66   J. HOUSTON, *op. cit.*, p. 122-145.

Les aspirations à l'infini, fondement de l'acte de foi en Jésus Christ

Jésus : « Voulez-vous partir vous aussi? »
Saint Pierre : « À qui irions-nous,
tu as les paroles de la vie éternelle. »

Jean 6, 68

La méditation à partir des grands symboles créés par le Soi creuse un immense appétit et le désir d'une vie en plénitude. Une question jaillit alors spontanément dans le cœur de la personne : « Quelle chose ou qui peut combler cette immense aspiration? »

La foi chrétienne présente sa réponse : elle s'applique à nommer et à personnaliser Celui qui a le pouvoir de combler ces aspirations infinies du cœur humain. C'est ce qu'affirme Sébastien Moore. Après avoir soulevé la question de la relation entre la spiritualité et la foi, il y répond en ces termes : « La spiritualité est presque indispensable à une foi vivante, mais ce sont des réalités distinctes [...] La foi est une *réponse personnelle et libre* aux aspirations découvertes dans la spiritualité. » Le passage de la spiritualité à la foi, « c'est un soudain sentiment d'une Présence personnelle alors que nous aspirions [*longing*] à ce qui nous paraissait inconnu[67] ». Sans une forte spiritualité, la foi a tendance à demeurer superficielle et seulement sociologique.

Ailleurs, Moore compare des formes de méditation pratiquées dans diverses spiritualités et la prière chrétienne. La méditation nous rapproche du mystère, mais elle ne nous fait pas entrer dans le mystère d'une Personne. C'est seulement par une grâce spéciale qu'à travers le mystère découvert dans la méditation se profile l'image d'une Personne. J'ai en effet connu bon nombre de personnes qui, à l'occasion de séances de méditation transcendantale ou de type Nouvel Âge, se sont senties soudainement interpellées par Dieu ou par le Christ sous forme de révélations intérieures. Elles venaient de passer de la méditation à la prière. La prière, qui nomme la Personne derrière le mystère, nous situe dans le régime de la foi.

---

[67]   S. Moore, *op. cit.*, p. 40.

Il arrive souvent que le chemin qui conduit à la foi passe d'abord par une recherche du Soi ou de l'infini. L'itinéraire de plusieurs convertis commence par l'étape de l'expérience de l'âme. L'expérience que Raïssa Maritain, épouse du philosophe Jacques Maritain, a faite du Soi illustre bien cette affirmation : « Avant d'avoir reçu la foi, il m'est souvent arrivé d'expérimenter par une intuition subtile la réalité de mon être, du principe profond, premier qui me pose hors du néant. Intuition puissante, dont la violence parfois m'effrayait et qui la première m'a donné la connaissance d'un absolu métaphysique[68]. »

Ce témoignage de Raïssa Maritain fait écho à un extrait bien connu des *Confessions* de saint Augustin : « Tard, je T'ai aimée, ô beauté, tu étais au-dedans de moi et moi, j'étais en dehors de moi. C'est au-dehors que je Te cherchais. Tu étais avec moi et moi, je n'étais pas avec Toi. »

L'expérience du Soi en est une que l'on peut qualifier de mystique naturelle : « une *expérience fruitive de l'absolu* », de l'exister substantiel de l'âme saisi, comme le remarque Jacques Maritain. Il ajoute : « C'est à dessein que le mot *absolu* est écrit ici sans A majuscule. Ainsi qu'on le verra plus loin, toute expérience mystique n'est pas expérience de Dieu[69]. »

L'acte de foi, une espérance

Comme je l'ai dit plus haut, la foi n'est pas une adhésion purement intellectuelle, mais un mouvement de l'âme qui identifie l'aspiration d'infini à la personne de Jésus Christ. L'acte de foi est l'acceptation d'une personne en qui on espère trouver la vie éternelle. Dans la

---

68 Citée par L. GARDET et O. LACOMBE dans *L'expérience du Soi : Étude de mystique comparée*, Paris, Desclée De Brouwer, 1981, p. 34.

69 *Ibid.*, p. 23. Pour poursuivre la réflexion sur le sujet, je recommande ces ouvrages qui explorent le sens du désir de l'infini : B. GARCEAU, *La voie du désir*, Montréal, Médiaspaul, coll. « Sève nouvelle », 1997; É. LECLERC, *Le maître du désir : Une lecture de l'évangile de Jean*, Paris, Desclée De Brouwer, 1997; M. SCOUARNEC, *La foi, une affaire de goût : Annoncer l'Évangile et proposer la foi aujourd'hui*, Paris, Éditions de l'Atelier/ Éditions ouvrières, coll. « Interventions théologiques », 2000.

même veine, Thomas d'Aquin cite la définition que donne saint Paul de la vertu de foi : « Or la foi est la garantie des biens que l'on espère, la preuve des réalités que l'on ne voit pas[70]. » La foi se fonde sur l'espérance d'un bonheur parfait. Notons que le désir d'un bonheur parfait relève du Soi et que Jésus Christ vient combler ce désir.

Par ailleurs, une spiritualité du Soi fondée uniquement sur les archétypes de l'inconscient collectif ne produirait jamais un acte de foi chrétienne. C'est par la révélation divine qu'on répond à l'invitation d'accepter l'événement historique de Jésus Christ et de communier au Dieu trinitaire, Père, Fils et Esprit. La spiritualité du Soi aide à découvrir l'existence du sacré, du divin et est, par conséquent, un préambule à la foi. La révélation faite par Jésus Christ de la nature divine, Père, Fils et Esprit, conduit à terme la révélation commencée par le Soi.

En résumé, la connaissance du Soi et la foi non seulement ne s'opposent pas mais sont complémentaires : la connaissance d'un monde sacré révélé par le Soi appelle la foi, et la foi bien comprise soutient l'âme dans la recherche de vérité et soutient le progrès dans le soin de l'âme, selon l'adage *fides quaerens intellectum* (« la foi recherche la vérité »).

Foi et archétypes

Illustrons cette complicité du symbolisme du Soi et de la foi à l'occasion du sacrement du baptême. Le nouveau baptisé fait l'expérience archétypale de la mort et de la résurrection signifiée par la plongée dans l'eau et, en même temps, fait un acte de foi explicite d'adhésion à Jésus Christ. L'anthropologue et théologien Louis Beirnaert, dans un article magistral[71], écrit que la seule expérience archétypale vécue dans le rituel du baptême ne pourrait pas remporter

---

[70] Somme théologique IIa, IIe partie, quest. 4, art. 1.

[71] L. BEIRNAERT, « Symbolisme mythique de l'eau dans le baptême », *La maison-Dieu : Revue de Pastorale liturgique*, Paris, Éditions du Cerf, n° 22, 2e trimestre 1950, p. 94-120.

l'assentiment de foi. Il faut que le futur baptisé, aidé de la grâce, prenne une décision solennelle et déclare renoncer aux « forces du mal » et adhérer au Christ. Il ajoute cependant qu'un acte de foi conscient qui ne serait pas animé par un rituel, dans le cas l'expérience de l'immersion dans les eaux et de la sortie, manquerait de profondeur. L'inconscient ne serait pas engagé dans l'acte de foi. Le rituel du baptême se déroulerait d'une « façon schématique » et superficielle, et il ne convertirait pas les profondeurs de l'inconscient. Beirnaert ajoute que le baptême manquerait « d'incarnation » et qu'il y aurait danger que « les vieux démons du paganisme » reviennent à la surface.

À la fin de son article, il fait la recommandation suivante : « Ce n'est pas, pour le théologien, renoncer aux affirmations de la foi, que d'explorer une dimension trop négligée du symbolisme religieux, et que d'accepter sur ce point l'aide des mythologues et des psychologues[72]. »

La spiritualité de l'estime de soi et du Soi, bien loin de nuire à la spiritualité chrétienne, la prépare et l'accompagne.

Conclusion

Estime de soi, estime du Soi et foi chrétienne s'avèrent trois réalités complémentaires dans la construction de l'humain. Tandis qu'on exalte à fond l'estime de soi dans cette société où le progrès individuel est de plus en plus à la mode, l'estime du Soi, le soin de l'âme, se trouve négligée. C'est la raison pour laquelle nous assistons à une plus grande demande de spiritualité de la part de nos contemporains.

Par contre, une certaine spiritualité chrétienne qui se coupe des progrès de la psychologie, spécialement dans l'estime de soi, devient stérile et rétrograde et elle ne répond plus aux aspirations du monde

---

72   *Ibid.*, p. 120.

moderne. Si cette même spiritualité chrétienne devient jalouse de son domaine et se défend contre tous les apports d'autres spiritualités, elle a vite tendance à se cloîtrer dans une attitude sectaire et institutionnelle. La foi a nécessairement besoin des structures d'accueil spirituelles du Soi et de son riche symbolisme pour atteindre les profondeurs de l'inconscient.

Ce qui est central, à mon avis, c'est le soin le l'âme, la culture de la spiritualité du Soi. Le défi de la psychologie actuelle est de redécouvrir l'âme et ses manifestations. C'est le courant psychologique et spirituel qui a été lancé par Jung, Maslow, Frankl, le Mouvement humaniste et transpersonnel.

J'ai désiré, à ma façon, y apporter ma contribution en faisant voir la continuité entre l'estime de soi et l'estime du Soi et, finalement, entre l'estime de soi, l'estime du Soi et la foi chrétienne.

Glossaire

Acceptation de soi

Savoir accepter ses qualités et ses défauts et les intégrer pour avoir une bonne image de soi.

Affirmation de soi

L'affirmation correspond à l'autoprésentation de sa personne et de sa compétence. Elle exige des habiletés particulières d'expression de son estime de soi qui, par ailleurs, est le fruit de l'intériorité. Synonymes : être sûr de soi (par opposition à « douter de soi »), croire en soi.

Amour de soi

Se témoigner à soi-même de la bienveillance et de la compassion.

Amour-propre

Avoir un vif sentiment de sa dignité. Jadis péjoratif, ce mot signifiait « arrogance » et « suffisance »; il a été réhabilité.

Anima et *animus*

L'ombre contra-sexuelle de la femme est l'*animus*, son homme intérieur dont les qualités sont refoulées pour permettre aux traits féminins d'émerger. Pour l'homme, l'ombre contra-sexuelle est appelée *anima*, la femme intérieure dont les qualités sont rejetées dans l'inconscient pour donner aux traits masculins la possibilité d'émerger.

Archétypes

Formes énergétiques constituant les éléments primordiaux et structuraux de la psyché. Quand les archétypes s'expriment par une image ou un symbole, cette réalité est appelée « image archétypale ».

Ego

Terme latin pour désigner le « je » conscient ou le moi conscient. Il prend parfois le sens d'un « moi social » ou du « moi-idéal » dans certaines expressions populaires telles « un ego surdimensionné ou gonflé ».

Estime de soi

Appréciation que la personne se donne tant pour sa personne que pour sa compétence. Pour l'appréciation négative de soi, on emploiera le terme mésestime de soi pour sa personne et pour sa compétence.

L'estime de soi comprend diverses dimensions, à la fois positives et négatives : on parlera d'amour de soi et de don de soi, d'acceptation de soi ou de non-acceptation, d'évaluation de soi ou de dévaluation de soi.

Confiance en soi

Cette expression désigne l'estime de soi pour son agir et sa compétence. Avoir confiance en soi, c'est croire en ses capacités d'apprentissage, de jugement et entretenir une anticipation de réussite. Synonymes : assurance de soi dans le faire, satisfaction de soi, fierté de soi, avoir foi dans ses projets, etc.

Fonction transcendantale du Soi

Selon Carl Jung, le chemin de la croissance d'un individu passe par le dialogue du « je » conscient avec le Soi par l'intermédiaire des messages symboliques venus de l'inconscient (rêves, fantaisies, expériences-sommets, etc.). Il appelle ce processus « la fonction transcendantale » qui survient lors de la tension entre le conscient et l'inconscient et qui favorise l'union des deux.

Imagination active

Méthode d'assimilation du matériau inconscient (rêve, fantaisies, etc.) par une forme d'expression consciente (dialogue, expressions artistiques, etc.).

Individuation

Processus de différentiation psychique qui a pour but de développer l'autonomie de l'individu. C'est la libération progressive de toutes les influences indues de l'extérieur pour assurer la liberté de l'individu. L'individuation constitue le but de toute croissance humaine.

« Je » conscient

Synonyme de l'ego, le « je » conscient signifie aussi le soi, avec un « s » minuscule. Il est un centre psychologique de sensations, d'émotions et de sentiments, de paroles, de croyances, de besoins, de désirs, de volonté, de fantaisies et de pensées, etc. On compare le « je » conscient à un projecteur qui promène sa lumière sur le vaste champ de la conscience, mettant en évidence ces divers phénomènes de conscience.

Le « je » conscient dépend pour sa formation du Soi, qui en est le reflet distant. Dans l'estime de soi, le « je » équivaut au « soi ».

Moi fort et moi faible ou haute et basse estime de soi

Le moi fort se dit d'un « je » conscient autonome dégagé à la fois des attentes extérieures non intégrées par soi (*persona*) et de l'ombre, dont il a assumé les qualités. À l'opposé, le moi faible est un « je » conscient d'une part encombré par les attentes des autres (*persona*) et d'autre part affaibli par une lutte constante avec les complexes de l'ombre.

Persona (ou moi idéal)

La *persona*, au sens étymologique (de *per* et *sonna*), représente le masque que portaient les acteurs pour décrire leur rôle dans une pièce et pour projeter leur voix. Sur le plan psychologique, le mot *persona* signifie la faculté d'adaptation aux attentes de la communauté environnante et à la culture d'un milieu.

Quand elle devient trop lourde et contraignante pour l'individu, la *persona* est souvent assimilée à un « surmoi social ». Dans la littérature psychologique, on la désigne par l'expression « moi idéal ».

Psyché

Totalité des processus psychologiques et spirituels conscients et inconscients.

Ombre

Complexe inconscient constitué de la partie non éduquée ou refoulée de soi. Elle s'est formée à partir de la peur du rejet des personnes importantes de l'entourage. Inconsciente, elle demande de s'harmoniser avec les qualités conscientes de soi pour bâtir une estime de soi forte.

Soi

Instance psychique supérieure au cœur de la personne. De nature abstraite, le Soi (avec le « S » majuscule) constitue l'identité profonde et spirituelle de tout être humain. Il impose une direction subtile à l'ego. C'est « l'âme habitée par le divin » (*imago Dei*), selon la belle expression de Carl Jung.

Pour l'humain, il constitue l'archétype central; il est représenté par le centre de l'énergie du mandala qui concilie les traits opposés des réalités psychiques. C'est le principe organisateur de toute la personnalité; il n'a pas de sexe, car il est une synthèse de traits masculins et féminins. Il est éternel : il ne meurt pas et est d'une perpétuelle jeunesse. C'est aussi un principe de guérison : il a la faculté d'harmoniser les fragmentations du psychisme dues à des blessures et, par conséquent, de réduire le stress corporel. De plus, en étant en relation avec l'Univers, il met la personne en contact avec les forces cosmiques de la Création.

Synchronicité

Phénomène où un événement de l'extérieur coïncide d'une manière significative avec un état psychologique de l'esprit.

Religiosité

Toute activité spirituelle naturelle ou sagesse naturelle. Le Soi, l'identité profonde de la personne, est de nature religieuse et sacrée, du fait qu'il relie les diverses composantes de la psyché humaine. Le terme religion est employé ici dans son sens étymologique (de *religare*, action de faire des liens entre les réalités).

Religions révélées

Renvoient à l'activité de prophètes qui se disent porteurs d'un message venant de la divinité. Elles s'appuient sur la révélation naturelle (les archétypes) commune du Soi, mais prennent souvent la forme d'institutions sociales et culturelles.

Bibliographie

« Ambition et humilité », *Itinéraires*, 27, été 1999.

ANDREAS, C. et T. ANDREAS, *Core Transformation: Reaching the Wellspring Within*, Moab, Utah, The Real People Press, 1994.

BEIRNAERT, L., « Symbolisme mythique de l'eau dans le baptême », *La maison-Dieu : Revue de Pastorale liturgique,* Paris, Éditions du Cerf, n° 22, 2ᵉ trimestre 1950, p. 94-120.

BELLET, M., « De la nécessité de s'estimer soi même », *Christus : Revue de formation spirituelle*, n° 104, t. 26, octobre 1979, p. 389-400.

BORYSENKO, J., *Fire in the Soul: A New Psychology of Spiritual Optimism*, New York, Warner Books, 1993.

BRANDEN, N., *The Six Pillars of Self-Esteem*, New York, Bantam Books, 1994.

BREEMEN, P.G. Van, « Homo creatus est… Essai de traduction en langage actuel de quelques éléments du Principe et Fondement », *Cahiers de spiritualité ignatienne*, vol. V, n° 19, juillet-septembre 1981, p. 147-157.

BREEMEN, P.G. Van, *As the Break that is Broken*, Denville, N. J., Dimension Books, 1974.

BREEMEN, P.G. Van, *Called by Name*, Denville, N. J., Dimension Books, 1976.

CANFIELD, J. et M.V. HANSEN, *Le pouvoir d'Aladin : Transformez vos désirs en réalités*, Montréal, Éditions de l'Homme, 1996.

CHOPRA, D., *How to Know God: The Soul's Journey into the Mystery of Mysteries*, New York, Harmony Books, 2000.

CHRISTOPHE, A. et F. LELORD, *L'estime de soi: S'aimer pour mieux vivre avec les autres*, Paris, Éditions Odile Jacob, 1999.

COELHO, P., *L'alchimiste*, Paris, Anne Carrière, 1994.

COLOROSO, B., *Winning at Parenting... Without Beating Your Kids*, Littleton, Colorado, Kids Are Worth It, Inc., 1989, 2 cassettes.

CROTEAU, J., « Le bel amour de soi: Dimension ontologique et dimension psychologique », *Science et Esprit*, vol. XXXVIII, nº 3, octobre-décembre 1986, p. 361-371.

DILTS, R. et R. MCDONALD, *Tools of Spirit: Pathways to the Realization of Universal Innocence*, Capitola, Cal., Metapublication, 1997.

Dossier « Y a-t-il une spiritualité laïque? », *Actualité des Religions*, nº 27, mai 2001, p. 12-25.

FINCHER, S.F., *La voie du mandala*, St-Jean-de-Braye, Éditions Dangles, 1996.

FIRMAN, J., *Je et Soi: Nouvelles perspectives en psychosynthèse*, Sainte-Foy, Centre d'intégration de la personne de Québec, 1992.

FRANKL, V., *Découvrir un sens à sa vie : Avec la logothérapie*, Montréal, Éditions de l'Homme, coll. « Actualisation », 1988.

FRANZ, M.-L. von, *On Dreams and Death : A Jungian Interpretation*, Boston, Shambhala, 1987.

FRANZ, M.-L. von, *Reflets de l'âme : Les projections, recherche de l'unité intérieure dans la psychologie de C.G. Jung*, Orsay, Éditions Entrelacs, 1992.

GARDET, L. et O. LACOMBE, *L'expérience du Soi : Étude de mystique comparée*, Paris, Desclée De Brouwer, 1981.

GUETRY, J.-P., « S'estimer soi-même. Une interview d'Eric Fuchs », *L'Actualité religieuse*, nº 168, 15 juillet-août 1998.

HARING, E., *The « I » and the « Not-I » : A Study in the Development of Consciousness*, Princeton, Princeton University Press, « Bollingen Series », 1965.

Hay, D. et K. Hunt, « Is Britain's Soul Waking Up? Viewpoint », *The Tablet*, 24 juin 2000, p. 846.

Hendricks, G., *Learning to Love Yourself : A Guide to Becoming Centered*, Englewood Cliffs, Prentice-Hall Press, 1982.

Houston, J., *The Search for The Beloved : Journeys in Sacred Psychology*, Los Angeles, Jeremy P. Tarcher, 1987.

Humbert, É.G., *L'homme aux prises avec l'inconscient*, Paris, Albin Michel, 1992.

Johnson, R.A., *Owning Your Own Shadow: Understanding the Dark Side of the Psyche*, San Francisco, HarperSanFrancisco, 1991.

Jung, C.G., *Dialectique du moi et de l'inconscient*, Paris, Gallimard, 1964.

Jung, C.G., « *Ma vie* » : *Souvenirs, rêves et pensées*, recueillis et publiés par A. Jaffé, Paris, Gallimard, 1966.

Jung, C.G., *Modern Man in Search of a Soul*, New York, Harcourt, Brace & World, « A Harvest Book », 1969.

Jung, C.G., *Mysterium conjunctionis : Études sur la séparation et la réunion des opposés psychiques dans l'alchimie*, avec la coll. de M.-L. von Franz, t. 1, Paris, Albin Michel, 1980.

Jung, C.G., *New Paths in Psychology*, Collected Works : Psychology and Religion : West and East, Princeton, Princeton University Press, « Bollingen Series », 1938.

Jung, C.G. et R. Cahen, *Racines de la conscience : Études sur l'archétype*, sous la direction de R. Cahen, Paris, Buchet-Chastel, 1971.

Lacroix, M., « Le développement personnel : Un nouveau culte du moi », *Christus : Revue de formation spirituelle*, t. 47, n° 188, octobre 2000, p. 401-408.

Le Saux, H., *Éveil à Soi, éveil à Dieu : Essai sur la prière*, Paris, Œil, 1986.

« Le souci de soi : Perdre sa vie pour la retrouver », *Christus : Revue de formation spirituelle*, t. 47, n° 188, octobre 2000, p. 391-470.

Maslow, A.H., *Vers une psychologie de l'Être*, Paris, Fayard, coll. « L'expérience psychique », 1972.

MESLIN, M., *L'expérience humaine du divin : Fondements d'une anthropologie religieuse*, Paris, Éditions du Cerf, 1988.

METZNER, R., *Opening to the Light : Ways of Human Transformation*, Los Angeles, Jeremy P. Tarcher, 1986.

MONBOURQUETTE, J., *Aimer, perdre, et grandir : L'art de transformer une perte en gain*, Ottawa, Novalis, 1993.

MONBOURQUETTE, J., *Apprivoiser son ombre : Le côté mal aimé de soi*, nouv. éd., Ottawa/Paris, Novalis/Bayard, 2001.

MONBOURQUETTE, J., *Comment pardonner? Pardonner pour guérir, guérir pour pardonner*, Ottawa/Paris, Novalis/Centurion, 1992.

MONBOURQUETTE, J. et autres, *Je suis aimable, je suis capable : Parcours pour l'estime et l'affirmation de soi*, Ottawa, Novalis, 1996.

MONGEAU, S., *La simplicité volontaire, plus que jamais*, éd. revue et augm., Montréal, Éditions Écosociété, 1998.

MOORE, S., *Let This Mind Be in You : The Quest for Identity Through Œdipus to Christ*, Minneapolis, Winston Press, « A Seabury Book », 1985.

NAIFEH, S., « Archetypal Foundations of Addiction and Recovery », *Journal of Analytical Psychology*, vol. 40, n° 2, avril 1995, p. 133-159.

O'LEARY, D.J., *Windows of Wonder : A Spirituality of Self-Esteem*, New York, Paulist Press, 1991.

ORMEROD, N., *Grace and Disgrace : A Theology of Self-Esteem, Society, and History*, Newtown, Australia, E.J. Dwyer, 1992.

PARMENTER, B.R., *What the Bible Says about Self-Esteem : Biblical Meditations on Self-Esteem, Spirituality and Holistic Health*, Joplin, Missouri, College Press, 1984.

PELLETIER, P., *Les thérapies transpersonnelles*, Saint-Laurent, Québec, Fides, 1996.

PITAUD, B., « Perdre sa vie pour la trouver », *Christus : Revue de formation spirituelle*, t. 47, n° 188, octobre 2000, p. 427-434.

RICHO, D., *Shadow Dance : Liberating the Power and Creativity of Your Dark Side*, Boston, Shambhala, 1999.

Roy, L., « Le christianisme est-il un optimisme? », *Nouveau Dialogue*, n° 124, mars-avril 1999, p. 9-12.

Roy, L., *Le sentiment de transcendance, expérience de Dieu?*, Paris, Éditions du Cerf, coll. « Pastorale », 2000.

Saint Augustin, *Les confessions de saint Augustin*, Paris, Éditions Flores, 1947.

Saint-Paul, J. de, *Estime de soi, confiance en soi : Les fondements de notre équilibre personnel et social*, Paris, InterÉditions, 1999.

Sanford, J.A., *Healing Body and Soul : The Meaning of Illness in The New Testament and Psychotherapy*, Louisville, Kentucky, Westminster/ John Knox, 1992.

Selye, H., *Le stress sans détresse*, Montréal, Les Éditions de la Presse, 1974.

Singer, C., *Éloge du mariage, de l'engagement et autres folies*, Paris, Albin Michel, 2000.

Solignac, P., *La névrose chrétienne*, Paris, Éditions de Trévise, coll. « Polémique », 1976.

Tardan-Masquelier, Y., *Jung, la sacralité de l'expérience intérieure*, Paris, Droguet et Ardant, coll. « Repères dans un nouvel âge », 1992.

Tardan-Masquelier, Y., *Jung et la question du sacré*, Paris, Albin Michel, 1999.

Tardan-Masquelier, Y., « Le féminin de Dieu », *Actualité des Religions*, n° 12, janvier 2000, p. 34-35.

Tardan-Masquelier, Y., « Maximes de vie », *Actualité des Religions*, n° 36, mars 2002, p. 25.

Whitmont, E.C., *The Symbolic Quest : Basic Concepts of Analytical Psychology*, Princeton, Princeton University Press, 1991.

Winnicott, D.W., *Processus de maturation chez l'enfant : Développement affectif et environnement*, Paris, Petite Bibliothèque Payot, coll. « Science de l'Homme », 1974.

Table des matières

Deuxième partie : ... à l'estime du Soi

Troisième partie

Ce livre est complété par un recueil de toutes les activités citées : *Stratégies pour développer l'estime de soi et l'estime du Soi*. Il paraîtra chez Novalis en 2003.

Vous pourrez vous le procurer chez votre libraire habituel ou le commander directement chez l'éditeur :

NOVALIS, 4475, rue Frontenac, Montréal (Québec) H2H 2S2

C.P. 990, succursale Delorimier, Montréal (Québec) H2H 2T1

Téléphone : (514) 278-3025
Ligne sans frais au Québec et en Ontario : 1-800-668-2547
Télécopieur : (514) 278-3030
Internet : www.novalis.ca
Courriel : sac@novalis-inc.com